AF602583

Union Centrale des Arts Décoratifs

PAVILLON DE MARSAN

Exposition des Arts Musulmans

Catalogue Descriptif

PAR

M. Gaston MIGEON
CONSERVATEUR DES OBJETS D'ART AU MUSÉE DU LOUVRE

M. Max van BERCHEM
ATTACHÉ A L'INSTITUT ARCHÉOLOGIQUE DU CAIRE

et M. HUART
PROFESSEUR A L'ÉCOLE DES LANGUES ORIENTALES VIVANTES

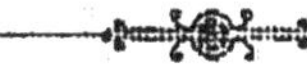

PARIS
Société française d'Imprimerie et de Librairie
15, RUE DE CLUNY, 15

AVRIL 1903

ES
16

Ont prêté à l'Exposition des Arts Musulmans :

MM.

André (Alfred).
Arconati-Visconti (Marquise).
d'Arenberg (S. A. Mgr le Duc).
Aynard (Ed.), membre de l'Institut.
Bacri.
Bardac (Sigismond).
Baron (Stanislas).
Barré de Lancy.
Baudry (Ambroise).
Béarn (Comtesse R. de).
Béla de Rakovszky.
Besnard (Albert).
Beurdeley.
Blignières (Mme de).
Bing (S.).
Bouilhet (Henri).
Boy.
Brimo (Antoine).
Chabrière-Arlès (Mme Vve).
Chabrière Arlès (Auguste).
Chatel et V. Tassinari.
Coulon (Georges).
Dallemagne (Henri).
Deligand (G.).
Delort de Gléon (Mme).
Doistau.
Dreyfus (Gustave).
Dru.
Duseigneur (Raoul).
Duval (Gaston).
Enlart.
Ephrussi (Charles).
Eudel (Paul).
Garnier (Paul).
Gérome, membre de l'Institut.

MM.

Gillot (Charles).
Goldschmidt (Léopold).
Goldschmidt (S.).
Gonse (Louis).
Guérin (Edmond et Marcel).
Haillot du Tilly.
Homberg (Octave).
Holstein.
Indjoudjian.
Jeuniette.
Join-Lambert.
Josseau.
Kalebjian.
Kalekian.
Kevorkian.
Kœchlin (Raymond).
Kraft (Hugues).
Leprieur (Paul).
Lyon (Max).
Lyon (Musée historique des Tissus de la ville de).
Maciet (Jules).
Madjar.
Mahou.
Mannheim (Charles).
Manzi.
Martin.
Martin le Roy.
Masson.
Mège.
Ménard (René).
Migeon (Gaston).
Moser.
Mutiaux.
Orville.
Personnaz.

MM.

Peyrel.
Piet Lataudrie.
Pigalle.
Ribot (Député).
Rothschild (Baronne Adolphe).
Rothschild (Baron Alphonse de).
Rothschild (Baron Gustave de).
Rothschild (Baron Edmond de).
Rouart (Alexis).
Saladin (Henri).
Sarre, Berlin.
Saint-Marceaux (de.)

MM.

Saint-Maurice (de).
Schutz.
Seligman.
Sivadjian.
Stern (Mme Ern.).
Stora.
Thévenin.
Thibaut.
Toulouse Lautrec (Comte de).
Vever (Henri).
Vitali Francès.
Vogüé (Marquis de), membre de l'Institut.

Exposition

des Arts Musulmans

MARBRE ET PIERRE

1. **Fontaine** de marbre creusée sur les côtés de niches à stalactites, et décorée circulairement d'une frise de caractères coufiques.
   Espagne, Xe s.
   Appartenant à M. Stanislas Baron.

2. **Plaque** de marbre décorée de nids d'abeilles.
   Provenant de la mosquée Bibikanoun.
   Samarkand, fin XIVe s.
   Appartenant à M. Henry Dallemagne.

3. **Plaque** en pierre sculptée d'ornements et d'inscriptions en très léger relief de type arrondi.
   Provenant du tombeau de l'épouse de Tamerlan à **Samarkand, c^t XVe ?**
   Appartenant à M. Kalebjian.

4. **Plaque** en pierre sculptée d'une inscription en relief.
   Provenant du Palais de Tamerlan, à Samarkand.
   Deux fragments d'inscription, l'une en arrondi, l'autre en coufique décoratif.
   XVe s.
   Appartenant à M. Sivadjian.

5. **Plaque** en marbre incrustée d'émail noir et décorée d'une inscription.
Provenant d'une mosquée d'Egypte.
XVe s. ou début du XVIe s.
Appartenant à M. Sivadjian.

6. **Frise** en deux plaques rectangulaires, portant une inscription sculptée en relief.
Egypte, XVe s.
Appartenant à M. Georges Coulon.

7. **Buisson** de fleurs en jade, duquel se dégagent des hérons.
Perse, XVIe s.
Appartenant à M. Boy.

8. **Série** de six pièces de jade sculptées ou gravées.
Perse, XVIIe s.
Appartenant à M. Sivadjian.

IVOIRES

9. **Petit coffret** décoré d'ornements sculptés de feuilles stylisées, et d'une inscription coufique donnant le nom de la ville de

Zakrâ (vieille Cordoue) et l'année 355 de l'hégire.

966 ère chrétienne, Xe s.

Ancienne C^e^ de la Béraudière.

Appartenant à Mme Vve Chabrière-Arlès.

10. **Plaque de coffret** décorée de feuilles et de rinceaux sculptés.

Espagne, Xe s.

Appartenant à M. Alfred André.

11. **Autel portatif** décoré de frises de grands rinceaux sculptés, renfermant des hérons et des lapins.

Art Byzantin, influence arabe, XIe-XIIe s.

Appartenant à M. Boy.

12. **Boîte ronde** décorée de compartiments où sont sculptés en léger relief des branchages dressés ou retombants, des oiseaux, des gazelles accouplés les cous entrelacés, et d'une frise supérieure décorée de quadrupèdes affrontés et de masques humains x^e^-xie s. — Le couvercle avec des charnières de cuivre est décoré d'une rosace centrale et d'une inscription circulaire, formules de louanges à Allah ! Addition postérieure xiiie-xive s.

Espagne, XIe s.

Appartenant à Mme la comtesse de Béarn.

13. **Deux bras** de croix décorés de frises d'animaux dans des rinceaux. Art roman influencé de l'art arabe.

Espagne, XIIe s.

Ancienne C^on^ Maillet du Boullay.

Appartenant à M. Doistau.

14. **Poignée d'épée** décorée d'ornements, entrelacs et de deux frises d'inscriptions banales.
Espagne, XIIIe s.
Appartenant à Mme LA COMTESSE DE BÉARN.

15. **Coffret** rond décoré de plusieurs frises superposées, l'une d'entrelacs, l'autre d'inscription de caractères arrondis à formules banales et à formule protocolaire, indiquant un *souverain* musulman d'Espagne, une autre d'ornements en réseaux.
Espagne, fin XIIIe s.
Appartenant à M. PEYTEL.

16. **Boîte carrée** de marqueterie d'ivoire et de bois de couleur, le couvercle décoré d'ornements d'ivoire sculpté. Au bas, une courte inscription donnant signature de l'artisan Ahmed de Brousse. A l'intérieur du Couvercle une inscription sculptée dans l'ivoire « fait pour le trésor du Sultan Bajazet II, fils du Sultan Mahomet II en 888 de l'hégire » (1483).
Asie Mineure, XVe s.
Appartenant à M. LE BARON EDMOND DE ROTHSCHILD.

17. **Boîte tubulaire** décorée sur sa face antérieure de paons et de lièvres dans des rinceaux de feuillages sculptés. Le couvercle, orné de ferrures dorées, est décoré de paons gravés.
Espagne, XIVe s.
Appartenant à Mme LA MARQUISE ARCONATI-VISCONTI.

18. **Boîte ronde** et bombée décorée d'arabesques et de feuillages en léger relief.
Espagne, XIVe-XVe s.
Appartenant à Mme LA COMTESSE DE BÉARN.

19. **Plaque** de porte décorée de motifs ornementaux en relief sur un fond de rinceaux.
Egypte, XIVe s.
Appartenant à M. CH. GILLOT.

20. **Plaque** de porte rectangulaire décorée d'une inscription en relief sur un fond de rinceaux en plus mince relief.
Egypte, XIVe s.
Appartenant à M. CH. GILLOT.

21. **Plaque** de porte à décoration d'entrelacs sculptés en deux reliefs différents.
Egypte, XIVe s.
Appartenant à Mme Delort de Gléon.

22. **Plaque** de porte décorée d'une inscription en relief sur un fond de rinceaux en plus mince relief.
Egypte, XIVe s.
Appartenant à Mme Delort de Gléon.

23. **Plaque** de porte décorée d'une inscription en relief sur fond de rinceaux en plus léger relief. Titres protocolaires anonymes d'un Emir.
Egypte, XIVe s.
Appartenant à Mme de Blignières.

24. **Coffret** à couvercle bombé, garni de ferrures d'argent niellé; sur la serrure en argent est niellé un souhait au possesseur.
Espagne, XIVe s.
Appartenant à Mme Vve Chabrière-Arlès.

25. **Boîte** tubulaire à couvercle, tout ajourée d'étoiles, à la partie supérieure court une frise d'inscription aux noms et titres du Sultân Mamnlouk Malik Salih, Salih (répété) fils du sultan Muhammed, 1351-1354.
Egypte, XIVe s.
Appartenant à M. le baron Edmond de Rothschild.

26. **Boîte** ronde tubulaire décorée d'une frise de cavaliers et d'une frise de caractères coufiques peints au trait contenant des formules de bénédictions.
Egypte ou Espagne, XIVe s.
Appartenant à M. Homberg.

27. **Petit Coffret** décoré de médaillons ronds d'animaux peints au trait noirâtre.
Egypte ou Espagne, XIVe s.
Appartenant à M. Homberg.

28. **Deux plaques** travail chrétien d'après l'ornementation arabe, provenant d'une église du Vieux Caire.

29. **Plaque** de porte, inscription en relief.
Egypte, XVIIe s.
Appartenant à M. Kelekian.

30. **Petite étoile** en circonscrivant deux autres plus petites, portant au centre une inscription.
Perse, XVIe s.
Appartenant à M. Kelekian.

31. **Poudrière** en forme d'antilope au galop.
Egypte, XVe s.
Appartenant à Mme Delort de Gléon.

32. **Manche** de poignard, décoré de feuillages et fleurs sculptés.
Espagne, XVe s.
Appartenant à M. Boy.

33. **Coffret** décoré sur le couvercle de deux figures de musiciennes, et sur les côtés de canards.
Inde, XVe-XVIe s.
Appartenant à M. Henry Dallemagne.

34. **Boîte** longue et étroite décorée de rinceaux de fleurs sculptées.
Inde, XVIIe s.
Appartenant à M. le baron Edmond de Rothschild.

BOIS

35. **Grande frise** à inscription coufique. Titre de propriété d'une maison du Caire.
258 de l'hégire, 872 de notre ère.
Appartenant à M. Henry Dallemagne.

36. **Grand panneau** de bois sculpté en léger relief représentant un arceau de mosquée supporté par des colonnes, et d'où pend une lampe de mosquée au-dessus de deux chandeliers.
Egypte, XIIIe s.
Appartenant à M. Ch. Gillot.

37. **Koursi** de Mosquée (Kafh) de forme kexagonale, dépourvu de son plateau, décoré de panneaux de marqueterie de différents bois, et sur une de ses faces d'une niche à colonnettes avec fond d'incrustation de bois et d'ivoire.
Egypte, XIIIe s.
Appartenant à M. Ambroise Baudry.

38. **Panneau** de porte de placard, décoré d'une rosace centrale, encadrée d'un panneautage en A barrés et en fers de lance en ivoire.
Egypte, XIVe s.
Appartenant à M. Ambroise Baudry.

39. **Arcature** en bois de noyer incrusté d'une frise d'inscription et d'une décoration florale en os.
Provenant d'une église copte d'Assiout.
Appartenant à M. Ambroise Baudry.

40. **Deux panneaux** de porte, décorés de compartiments polygonaux assemblés, cèdre, santal et ivoire.
Egypte, XIVe s.
Appartenant à M. Henry Dallemagne.

41. **Ensemble** de trois médaillons de bois sculptés d'ornements en relief en ébène, bordés d'ivoire.
Egypte, XIVe s.
Appartenant à M. Kelekian.

42. **Ensemble** de trois étoiles, deux de bois sculpté encadrées d'ivoire, une d'ivoire sculpté encadré de bois.
Egypte, XIVe s.
Appartenant à M. Kelekian.

43. **Ensemble** de six petits panneaux en fers de flèches, ornements sculptés en buis et ébène, filets d'ivoire.
Egypte, XIVe s.
Appartenant à M. Kelekian.

44. **Deux vantaux** de porte de placard décorés d'un panneautage de bois et d'ivoire.
Egypte, XVe s.
Appartenant à Mme Delort de Gléon.

45. **Panneau** de porte décoré de compartiments polygonaux de bois sculpté en léger relief et incrusté d'ivoire.
Egypte, XVe s.
Appartenant à Mme de Blignières.

46. **Panneau** de bois sculpté.
Egypte, XVe s.
Appartenant à M. Ed. Guérin.

47. **Ensemble** de médaillons de forme géométrique avec inscriptions et incrustations en ivoire et ébène.
Egypte, XVe s.
Appartenant à M. Gustave Dreyfus.

48. **Panneau** de bois provenant de la décoration de l'Okelle Kait-Bey, près d'El Azhar, avec le protocole du sultan, sculpté dans un médaillon encadré de rosaces et de bandes d'arabesques sculptées.
Le Caire, 1467.
Appartenant à M. Ambroise Baudry.

49. **Coffret** comptoir en bois de noyer incrusté sur toutes ses faces d'ornements géométriques.
Egypte, XVIe s.
Appartenant à M. Ambroise Baudry.

50. **Coffret** comptoir en noyer incrusté d'ivoire.
Egypte, XVIe s.
Appartenant à M. Ambroise Baudry.

51. **Petit coffret** en ébène incrusté de mosaïque de cuivre et d'ivoire.
Perse, XVIIe s.
Appartenant à M. Ambroise Baudry.

52. **Petit coffret** plaqué d'ivoire gravé à la pointe de branches et de fleurs, encadré de filets de cèdre.
Perse, XVIIe s.
Appartenant à M. Ambroise Baudry.

53. **Trois panneaux** de moucharabieh ajourés d'ornements géométriques.
Egypte, XVIe-XVIIe s.
Appartenant à M. Georges Coulon.

54. **Lutrin** de bois décoré d'étoiles incrustées en mosaïques de bois coloré et d'ivoire.
Espagne, XVe-XVIe s.
Appartenant à M. Stanislas Baron.

55. **Boite** tubulaire à couvercle en bois gravé.
Décoré de bêtes passant dans des rinceaux.
Espagne ou Portugal, XVIe-XVIIe s.
Appartenant à M. Alfred André.

56. **Coffre** à tiroirs décorés ainsi que les côtés de fleurs et ornements en ivoire incrusté dans l'ébène.
Syrie ou Egypte, XVIe s.
Appartenant à Mme Delort de Gléon.

57. **Coffret** décoré d'étoiles incrustées en ivoire.
Syrie ou Egypte, XVIe s.
Appartenant à Mme Delort de Gléon.

58. **Coffret** décoré d'arbustes et de canards affrontés.
Egypte, XVIe s.
Appartenant à Mme Delort de Gléon.

59. **Coffret** en ébène décoré de vases avec des branches fleuries, de personnages tenant des faucons au poing, et de lions terrassant des gazelles.
Perse, XVIIe s.
Appartenant à Mme de Blignières.

60. **Coffret** en bois de tek, décoré d'ornements géométriques gravés et sculptés.
Asie-Mineure, XVIIe s.
Appartenant à M. Henry Dallemagne.

61. **Petit porte-Coran** en bois gravé décoré de fleurs.
Perse, XVIIe s.
Appartenant à M. Henry Dallemagne.

62. **Coffret** de bois laqué noir et incrusté de burgau.
Perse, XVIIIe s.
Appartenant à M. Henry Dallemagne.

63. **Boîte** de bois ajouré.
Perse, XVIIIe s.
Appartenant à M. Henry Dallemagne.

63 *bis.* — **Petit panneau** portant inscription du nom de la princesse Tatar Hidjaziyah, sœur du Sultan Mamlouk Hassan, provenant du fronton de porte de la chaire de Medresseh édifiée par cette princesse au Caire vers 1360.
Egypte, XIVe s.
Appartenant à M. Ambroise Baudry.

CUIVRES

Il a paru bon de classer les cuivres incrustés d'argent et d'or, en 3 familles principales :

1° Ceux fabriqués à Mossoul (devant sans doute fréquemment se confondre avec ceux fabriqués en Syrie).

2° Ceux fabriqués en Egypte (et ici encore la confusion est possible avec certains cuivres syriens ou du Yemen).

3° Enfin ceux fabriqués en Perse.

Les inscriptions n'ont été relevées que lorsqu'elles donnaient une date, un nom, ou un lieu de provenance. Toutes autres inscriptions dont la lecture n'est pas donnée ici ne sont que des formules banales de bénédiction ou de louange.

ATELIERS DE MOSSOUL

64. **Grande buire** de forme cylindrique sur trois petits pieds. Sur la surface court un rinceau en relief rappelant la feuille de vigne stylisée.

Col haut évasé et finissant en cylindre. Grande anse formée de cordes tressées.

Art primitif de l'ère mahométane, si ce n'est d'époque Sassanide (provenant du Caucase).

VIIe-IXe s.

Appartenant à M. Sarre, *de Berlin*.

65. **Petite aiguière** ornée de deux frises d'inscriptions, *Datée 1190*, avec le nom du propriétaire Osman, fils de Soliman, et un lieu de fabrication de lecture douteuse, deux frises d'inscription renfermant des formules banales de bénédiction.

Mossoul, XIIe s.

Appartenant à M. Piet-Lataudrie.

66. **Aiguière** côtelée à anse ; elle est gravée de rinceaux et d'inscriptions de souhaits de bonheur. Sur le col deux lions en relief entourés d'une inscription.

Mossoul, commencement du XIIIe s.

Appartenant à M. Sarre, *de Berlin*.

67. **Coffret** carré à couvercle en toit rampant portant une frise de cartouches à inscriptions, décoré sur ses quatre faces d'arabesques encadrant deux oiseaux affrontés de chaque côté d'un hom. L'inscription donne la date de 654 (de l'hégire) et contient le nom de Syrie qui semble indiquer une provenance.

Travail syrien-chrétien, d'après l'esprit décoratif des des Arabes.

Milieu du XIIIe s.

Appartenant à M. Peytel.

68. **Plaque** de miroir en bronze, décorée de deux chimères.

Mossoul, XIIIe s.

Appartenant à M. Kevorkian.

69. **Fragment** décoratif provenant d'un monument funéraire. En forme de plaque carrée creusée en bassin à 8 lobes décoré d'un cercle à inscription coufique de louanges banales, et à croissants incrustés en argent.

Les lobes sont décorés d'entrelacs séparant 2 oiseaux à têtes humaines. Les rebords portent une inscription coufique banale et des médaillons à personnages, assis sur fond de rinceaux.

Mossoul, XIIIe s.

Appartenant à M. S. Goldschmidt.

70. **Grand bassin** de cuivre décoré à l'intérieur de médaillons fleuronnés interrompant une grande et longue inscription à la gloire de Melek es Saleh, sultan de Damas, 1239-1249, et au-dessous, d'une théorie de personnages debout sous des arcatures et nimbés. A l'extérieur, une frise de gros entrelacs sur laquelle tranchent six médaillons à sujets chrétiens : Annonciation. Fuite en Egypte. Présentation au temple. Au-dessous, une frise de cavaliers jouant au polo, et plus bas, une frise d'animaux se poursuivant sur un fond de rinceaux circulaires.

Mossoul, XIIIe s.

Appartenant à Mgr S. A. S. le duc d'Arenberg.

71. **Grand bassin** décoré de deux rangées de médaillons de chasseurs, d'oiseaux attaquant des antilopes, de bêtes affrontées sur un fond de clefs, le tout incrusté d'argent.

Sur le bord extérieur une longue inscription protocolaire aux noms et titres de Malik Adil Abou Bekr, sultan Ayoubite d'Egypte et de Damas (1238-1240), petit-neveu de Saladin. Au-dessous inscription gravée à la pointe, « fait pour le cellier de Malikadil ».

A l'extérieur, signé par l'artisan Ahmed, fils d'Omar, surnommé Dakki, le graveur.

Mossoul, XIIIe s.

Appartenant à M. Doistau.

72. **Chandelier** orné de deux frises de petits lions assis et en relief repoussé, séparées par une frise d'ornements floraux en relief. Sur l'épaule, une couronne d'oiseaux en ronde-bosse, 2 frises d'inscription.

Mossoul, XIIIe s.

Appartenant à M. Piet-Lataudrie.

73. **Buire** à anse et côtelée, en cuivre avec incrustations d'argent. Inscriptions à formules banales de bénédiction, et animaux. Le col est décoré de deux petits lions à grosses têtes en fort relief.

Mossoul, XIIIe s.

Appartenant à M. Ch. Gillot.

74. **Chandelier** à pans rentrés, avec représentations de figures et de cavaliers incrustés en argent.

Mossoul, XIIIe s.

Appartenant à M. Peytel.

75. **Mortier** en bronze gravé, inscription en coufique décoratif.

Mossoul, XIIIe s.

Appartenant à M. Peytel.

76. **Buire** en cuivre, à inscrustations d'argent et de cuivre rouge ; sculptures au repoussé, zones de personnages, de scènes de jeux et d'inscriptions.

Mossoul, XIIIe s.

Appartenant à M. Raymond Koechlin.

77. **Ecritoire** de cuivre incrusté d'argent ; médaillons de personnages et inscriptions banales. Signé Aboul-Qâsim, daté 1245.

Ancienne C^on Schefer.

Mossoul, XIIIe s.

Appartenant à M. Raymond Koechlin.

78. **Mortier** en bronze à patine verte, légèrement dorée par places, de forme octogonale, à pans coupés décorés alternativement de têtes de fauves en relief et de médaillons gravés d'ornements. La base et le rebord, légèrement évasés, portent sur les pans coupés des rinceaux gravés ou des inscriptions.
Mossoul, XIIIe s.
Appartenant à M. Gaston Migeon.

79. **Mortier** en bronze à pans coupés avec armoiries, décoré de médaillons.
Mossoul, XIIIe s.
Appartenant à M. Kevorkian.

80. **Vase** de cuivre gravé de médaillons et de frises d'inscriptions coufiques.
Mossoul, XIIIe s.
Appartenant à M. Kelekian.

81. **Brûle-parfums** en cuivre, à trois pieds et à couvercle ajouré, décoré de personnages.
Mossoul, XIIIe s.
Appartenant à M. Boy.

82-83. **Deux Braseros** à encens en forme de demi-sphères ouvertes, ajourées dans la partie supérieure, et l'un surmonté d'une colombe.
Bronze gravé.
Asie Centrale, XIIIe s.
Appartenant à M. Henry Dallemagne.

84. **Grande vasque** en bronze dont la panse est décorée en relief de cavaliers portant des lances. Le rebord plat est découpé en quatre lobes pointus décorés d'animaux affrontés séparés par le Hom surmonté d'un croissant.
Turkestan.
Epoque de Gengis Khan, XIIIe s.
Appartenant à M. Ch. Gillot.

85. **Tige de chandelier** et bague de chandelier, à ornements ajourés, avec inscription.
Asie centrale, XIIIe-XIVe s.
Appartenant à M. Henry Dallemagne.

86. **Plateau** de cuivre à décor de médaillons à personnages ; incrustations argent et or.
Mossoul, fin XIIIe s.
Appartenant à M. Ed. Guérin.

87. **Chandelier** de cuivre, à inscrustations d'argent et d'or ; médaillons à personnages, cavaliers et animaux.
Mossoul, XIIIe-XIVe s.
Appartenant à M. Raymond Kœchlin.

88. **Chandelier** de cuivre incrusté d'argent ; médaillons avec cavaliers. Inscriptions.
Mossoul, XIIIe-XIVe s.
Appartenant à M. Mutiau.

89. **Vase à pied,** à pans coupés, et à col assez haut, décorés de cavaliers et d'animaux, portant trois frises de personnages et d'animaux.

Sur le bourrelet, entre le col et la panse, quelques mots très frustes, probablement une signature d'artisan ou un nom de propriétaire.
Mossoul, XIIIe-XIVe s.
Appartenant à Mme Delort de Gléon.

90. **Aiguière** à anse et à bec. La panse à pans coupés est décorée dans le bas de personnages *nimbés* sous des arcatures — puis plus haut, de personnages accouplés, d'une frise d'inscriptions, et d'autres personnages nimbés. Sur la panse, frise d'inscription en coufique décoratif tressé (illisible).
Mossoul, XIVe s.
Appartenant à M. Octave Homberg.

91. **Chandelier** en cuivre incrusté d'argent, décoré de médaillons ronds avec des cavaliers chassant et auréolés, alternant avec de grandes inscriptions.

L'épaule est décorée de petits médaillons à figures séparés par des rinceaux et des branches fleuries. Le col porte des figures debout au milieu de rinceaux.

Inscription anonyme protocolaire aux titres d'un sultan.
Mossoul, XIVe s.
Appartenant à M. Ch. Gillot.

92. **Coffret** quadrangulaire en cuivre, décoré de rinceaux

incrustés en argent renfermant des personnages, et de petites rosaces incrustées d'or.

Inscription en coufique décoratif déformé, hampes à têtes humaines.

Mossoul, XIVe s.

Appartenant à M. le baron Edmond de Rothschild.

93. **Petit chandelier** en cuivre, à pans rentrés, frises d'inscriptions.

Ancienne Collection Schefer.

Mossoul, XIVe s.

Appartenant à M. le baron Edmond de Rothschild.

94. **Petite écritoire**, décorée de médaillons renfermant des cavaliers et des canards incrustés d'argent et d'or, d'une extraordinaire finesse.

Mossoul, XIVe s.

Appartenant à M. Paul Garnier.

95. **Petite écritoire** privée de son couvercle, décorée de petits médaillons ronds incrustés d'argent avec les signes du zodiaque.

Mossoul, XIVe s.

Appartenant à M. Paul Garnier.

96. **Coffret** incrusté d'argent et d'or. Compartiments centraux de fers à T. — Frise de personnages et animaux dans des rinceaux.

Inscription déformée en coufique décoratif, hampes à têtes humaines.

Mossoul, XIVe s.

Appartenant à M. Paul Garnier.

97. **Chandelier** en bronze, décoré de frises de personnages nimbés se tenant par les mains, médaillons de cavaliers et frises d'inscriptions avec rinceaux et tresses.

Mossoul, XIVe s.

Appartenant à M. Paul Garnier.

98. **Petit plateau** circulaire gravé au centre d'une chimère, ornements et inscription sur le rebord extérieur en coufique décoratif et en arrondi.

Mossoul, XIVe s.

Appartenant à M. Henri Saladin.

99. **Bassin** décoré d'inscriptions.
Mossoul, XIVe s.
Appartenant à M. Orville.

100. **Petit bassin** avec déversoir, décoré d'argent incrusté et en dessous d'un cavalier.
Mossoul, XIVe s.
Appartenant à M. Orville.

101. **Chandelier** de cuivre incrusté d'argent, décor d'étoiles, frises d'inscription.
Mossoul, XIVe s.
Appartenant à M. Mutiaux.

102. **Coffret** carré en cuivre incrusté d'argent et d'or ; médaillons à figures de cavaliers et de personnages assis de types occidentalisés, petits disques de fers à T incrustés d'or. Inscription déformée sur le rebord du couvercle.
Mossoul, XIVe s.
Appartenant à M. Mège.

103. **Boîte tubulaire** à couvercle bombé, en cuivre incrusté d'argent ; médaillons à signe du zodiaque, entre 2 frises d'animaux, inscription à têtes humaines sur le couvercle et à l'intérieur de la boîte.
Mossoul, XIVe s.
Appartenant à M. Mège.

104. **Chandelier** cuivre incrusté d'argent, grands médaillons à cavaliers au galop séparés par 3 frises superposées d'un personnage assis au milieu de rinceaux, ou d'un autre clouant de sa lance un fauve dressé, ou de 2 lynx affrontés. 3 frises d'inscriptions.
Mossoul, XIVe s.
Appartenant à M. Mège.

105. **Chandelier** à petites figures, frise supérieure d'inscriptions, à têtes, cuivre incrusté d'argent.
Mossoul, XIVe s.
Appartenant à M. Mège.

106. **Base** de chandelier, à incrustations d'argent ; médaillons et caractères, inscriptions banales de bénédictions, mais adressées à un souverain.
Mossoul, XIVe s.
Appartenant à M. Raymond Kœchlin.

107. **Vase** de cuivre à pans coupés, décoré d'inscriptions coufiques décoratives et à têtes incrustées d'argent sur fond de rinceaux, col rapporté.

Mossoul, XIVe s.

Appartenant à M. Kelekian.

108. **Chandelier** en cuivre, décoré de clefs avec médaillons renfermant des cavaliers, des harpistes, des chasseurs, inscriptions *déformées* à formules de louanges, d'un travail un peu gros.

Mossoul, XIVe s.

Appartenant à M. Kelekian.

109. **Petite boîte** ronde à couvercle décorée de rosaces avec des croix, et de personnages nimbés incrustés en argent, travail chrétien.

Mossoul, XIVe s.

Appartenant à M. Antoine Brimo.

110. **Chandelier** à personnages, incrusté d'argent, inscription en coufique décoratif.

Mossoul, XIVe s.

Appartenant à M. Léon Dru.

111. **Petit bassin** incrusté d'argent, à personnages nimbés, et à animaux s'attaquant.

Mossoul, XIVe s.

Appartenant à M. Léon Dru.

112. **Petit plateau** à rebords, portant une inscription circulaire, au fond médaillon d'un cavalier, au-dessous un nom gravé en caractères hébreux.

Mossoul, XIVe s.

Appartenant à M. Léon Dru.

113. **Petit chandelier** à pans coupés, médaillons et ornements en T.

Deux frises d'inscriptions, une en coufique décoratif déformé, l'autre en arrondi.

Mossoul, XIVe s.

Appartenant à M. Léon Dru.

114. **Chandelier** à pied triangulaire dont les trois faces sont décorées de médaillons de cavaliers.

Mossoul, XIVe s.

Appartenant à M. Doistau.

115. **Mortier** en bronze décoré de clous en relief et de compartiments à ornements gravés.
Mossoul, XIVe s.
Appartenant à M. Henry Dallemagne.

116. **Coffret** à couvercle en cuivre incrusté d'argent.
Le couvercle porte une inscription à têtes humaines, 3 frises circulaires, l'une à personnages avec médaillons — entre 2 frises d'animaux se poursuivant.
Mossoul, XIVe s.
Appartenant à Mme Vve Chabrière-Arlès.

117. **Petite lampe** formée d'une colombe.
Cuivre gravé.
Mossoul, XIVe s.
Appartenant à Mme Vve Chabrière-Arlès.

118. **Chandelier** en cuivre, décoré de médaillons de cavaliers au milieu de rinceaux, et frises d'inscriptions. Au bas, une bande de bêtes se poursuivant et d'inscriptions incrustées d'or, et au col, des inscriptions incrustées d'or.
Mossoul, XIVe s.
Appartenant à M. Boy.

119. **Bassin** en cuivre gravé, décoré de médaillons portant inscriptions et des ornements géométriques. Dans les médaillons, une inscription protocolaire anonyme aux titres d'un sultan d'une dynastie turque ou persane.
Mossoul, XIVe s.
Appartenant à M. Henri Bouilhet.

120. **Bassin** en cuivre gravé, décoré de médaillons circulaires contenant des inscriptions anonymes aux titres d'un sultan d'une dynastie turque ou persane.
Mossoul, XIVe s.
Appartenant à M. Henri Bouilhet.

121. **Bassin** de cuivre, à incrustations d'argent ; médaillons à cavaliers et à inscriptions.
Inscription anonyme protocolaire aux titres d'un sultan d'une dynastie turque ou persane.
Mossoul, XVe s.
Appartenant à M. Raymond Kœchlin.

122. **Base de chandelier** en cuivre décoré d'une frise centrale d'inscriptions interrompues par des médaillons

renfermant des musiciens assis, entre deux frises d'animaux se poursuivant.

Mossoul, XVe s.

Appartenant à M. Ch. Gillot.

123. **Petit bassin** en cuivre avec quatre médaillons ronds de cavaliers. Inscription protocolaire anonyme aux titres d'un sultan.

Mossoul, XVe s.

Appartenant à M. Ch. Gillot.

124. **Boîte** octogonale à couvercle, décorée de médaillons de musiciens dans des rinceaux incrustés argent et or.

Mossoul, XVe s.

Appartenant à M. Paul Garnier.

125. **Petit bassin** surbaissé, décoré d'une frise d'animaux, passant dans des rinceaux, et d'inscriptions.

Mossoul, XVe s.

Appartenant à M. Paul Garnier.

126. **Bassin** en cuivre incrusté d'or et d'argent, décoré de médaillons circulaires à motif de feuillages engagés dans des ornements géométriques et reliés par une bande portant une inscription.

Mossoul, XVe s.

Appartenant à M. Henri Bouilhet.

127. **Bassin** en cuivre incrusté d'argent à décor de médaillons portant des inscriptions protocolaires anonymes aux titres d'un sultan d'une dynastie turque ou persane ; à la partie inférieure, décor trilobé sur fond d'or.

Mossoul, XVe s.

Appartenant à M. Henri Bouilhet.

128. **Vase** à pied, octogonal, cuivre incrusté d'argent.

Mossoul, XVe s.

Appartenant à Mme Vve Chabrière-Arlès.

129. **Bassin** incrusté d'argent, décor de tercles très fins, inscription protocolaire anonyme au titre d'un souverain d'une dynastie turque ou persane.

Mossoul, XVe s.

Appartenant à Mme Vve Chabrière-Arlès.

130. **Encrier** rond, décoré de rosaces et d'inscriptions incrustées en argent.
Mossoul, XVe s.
Appartenant à M. Peytel.

131. **Bol** en bronze à décor d'entrelacs.
Signature à l'intérieur.
Mossoul, XVe s.
Appartenant à M. Gustave Dreyfus.

132. **Brûle-parfums** en forme de colombe en cuivre gravé.
Mossoul, XVe s.
Appartenant à M. Boy.

ATELIERS D'ÉGYPTE

133. **Brasero** en forme d'aigle. Bronze gravé et ajouré.
Art Fatimite d'Egypte, XIIe s.
Appartenant à M. Homberg.

134. **Coupe** sur pied, avec une frise d'inscription incrustée en argent. Au nom d'un personnage important du Khorassan nommé Amiranchâh.
Egypte, XIIe et XIIIe s., ou Perse.
Appartenant à M. Peytel.

135. **Ecritoire** en cuivre décoré de petites rosaces renfermant des feuillages ou des fers à T incrustés en or et en argent. Décor extrêmement fin.
Sur l'écritoire et dans le couvercle, inscription anonyme protocolaire aux titres d'un sultan Ayoubite ou Mamlouk.
Egypte, XIIIe ou début du XIVe s.
Appartenant à M. Stora.

136. **Coupe** magique en bronze incrusté d'argent. Dans le fond sont représentées la mosquée de la Mecque, la Kabah et la Pierre Noire. Des compartiments rayonnant sur les bords renferment gravés des versets du Koran et des formules talismaniques.

Ce genre de coupe aurait servi aux pèlerins à boire l'eau à la fontaine de la mosquée de la Mecque.

Egypte, XIIIe s., ou Arabie.

Appartenant à M. Peytel.

137. **Emblème**, fragment d'étendard syro-égyptien.

Egypte, XIIIe s.

Appartenant à M. Antoine Brimo.

138. **Grand bassin** portant deux inscriptions arabe et latine, toutes deux aux noms et titres de Hugues IV de Lusignan, roi de Chypre *(1324-1361)*.

XIVe s.

Appartenant à M. Henry Dallemagne.

139. **Grand bassin** de cuivre ; inscriptions extérieures, médaillons à cavaliers au fond, frise d animaux.

Inscriptions protocolaires anonymes aux titres d'un émir égyptien.

Ancienne G^on Piot.

Egypte, XIVe s.

Appartenant à M. Mège.

140. **Grand plateau** orné d'inscriptions et médaillons représentant des cavaliers chassant le faucon, le tigre, etc. La rosace centrale est entourée d'une bande circulaire d'animaux. Le même décor se retrouve autour du marli.

Inscription anonyme protocolaire aux titres d'un émir égyptien surnommé Qutbad-din. — Au revers, un nom de propriétaire, appartenant à la famille des khalifes Abbassides du Caire.

Anciennes C^ons Odiot et Hocho.

Egypte, XIVe s.

Appartenant à M. Hugues Kraft.

141. **Ecritoire** de cuivre à incrustations d'argent ; inscriptions banales et entrelacs.

Egypte, XIVe s.

Appartenant à M. Raymond Kœchlin.

142. **Chandelier** en cuivre décoré en incrustations d'argent de grandes inscriptions anonymes protocolaires aux titres d'un émir d'un sultan Mamlouk d'Egypte surnommé

Malik Nasir, probablement le sultan Muhammed, 1300-1340.

Egypte, XIVe s.

Appartenant à M. Ch. Gillot.

143. **Chandelier** en cuivre, à base triangulaire décorée de rinceaux et de médaillons de canards incrustés d'argent.

Egypte, XIVe s.

Appartenant à M. Paul Garnier.

144. **Petit bassin**, portant une frise d'inscription et des petits médaillons avec des coupes.

Inscription anonyme protocolaire aux titres d'un fonctionnaire d'un sultan Mamlouk surnommé Malik Nasir.

Egypte, XIVe s.

Appartenant à M. Paul Garnier.

145. **Petit bassin**, orné d'inscription circulaire et de compartiments de fleurs épanouies.

Inscription anonyme protocolaire aux titres d'un fonctionnaire d'un sultan Mamlouk surnommé Malik Nasir.

Egypte, XIVe s.

Appartenant à M. Paul Garnier.

146. **Base de brasero** à trois pieds décorés d'inscriptions et de canards incrustés en argent dans des médaillons.

Inscription anonyme protocolaire aux titres d'un émir égyptien.

Egypte, XIVe s.

Appartenant à M. Paul Garnier.

147. **Vase** à panse renflée portant une haute inscription, au col rinceaux et frise d'inscription anonyme protocolaire, aux titres d'un émir d'un sultan Mamlouk nommé Malik Nasir, probablement le sultan Muhammed.

Egypte, XIVe s.

Appartenant à M. Paul Garnier.

148. **Bassin** décoré en incrustations d'argent d'inscriptions, de médaillons à armoiries et de scènes de combat et de chasse. Dans le fond des poissons gravés.

Egypte, XIVe s.

Appartenant à M. Sarre, *de Berlin*.

149. **Bassin**, gravé, décoré d'une inscription anonyme protocolaire aux titres d'un émir égyptien (fonctionnaire d'un des sultans Mamlouks surnommé Malik Nasir, probablement le sultan Muhammed (1300-1340).

Egypte, XIVe s.

Appartenant à M. Deligand.

150. **Chandelier** décoré sur la panse d'une grande inscription et au col d'un décor d'entrelacs et de rinceaux.

Inscription protocolaire aux noms et titres de Malik Mudjâhid Ali, sultan rassoulide du Yémen (1321-1363).

Egypte, XIVe s.

Appartenant à Mme Delort de Gléon.

151. **Vase** en bronze à col très évasé, à panse décorée d'une grande inscription protocolaire anonyme aux titres d'un émir égyptien, fonctionnaire d'un sultan Mamlouk surnommé Malik Achraf, dont les caractères en argent incrusté sont pointillés.

Egypte, XIVe s.

Appartenant à Mme Delort de Gléon.

152. **Grande clef** de fer avec incrustations d'or aux noms et titres des sultans Mamlouks d'Egypte Barqûq et Faradj : cette indication est gravée sur le bouton servant de pivot à la poignée. Il est possible que cette clef provienne du mausolée de Barqûq, au Caire, bâti par ses deux fils.

Egypte, XIVe s.

Appartenant à M. Peytel.

153. **Boîte** tubulaire en cuivre, décorée de médaillons à rinceaux d'argent et d'or, alternant avec des inscriptions à larges caractères d'argent, couvercle décoré de clefs incrustées en or et de bandes d'argent. Inscription protocolaire anonyme aux titres d'un émir égyptien.

Egypte, XVe s.

Appartenant à M. le baron Edmond de Rothschild.

154. **Grand bassin** de cuivre uni portant une frise circulaire d'inscription séparée par des médaillons.

Egypte, XVe s.

Appartenant à M. le baron Edmond de Rothschild.

155. **Support** de plateau, décoré de deux frises de hautes inscriptions protocolaires séparées par des médaillons ronds portant des armoiries d'émir.
Egypte, XVe s.
Appartenant à M. LE BARON EDMOND DE ROTHSCHILD.

156. **Grand chandelier** en cuivre incrusté d'argent, orné de frises décoratives d'ornements avec médaillons d'inscriptions et cartouches hiéroglyphiques arabes imités d'un cartouche indiquant les titres de souverain de la Haute et de la Basse Egypte ; trois inscriptions aux nom et titres d'un fonctionnaire égyptien nommé Abu Bakr.
Ancienne C^{on} Piot.
Egypte, XVe s.
Appartenant à M. PIET-LATAUDRIE.

157. **Crachoir** décoré d'entrelacs incrustés en argent.
Egypte, XVe s.
Appartenant à M. PEYTEL.

158. **Petite boîte** en cuivre. composée de trois cylindres incrustée d'argent.
Egypte, XVe s.
Appartenant à M. MUTIAUX.

159. **Boîte** ronde en cuivre, à couvercle à charnières ; décorée d'ornements et d'*inscriptions*, incrustés d'argent et d'or. Inscriptions protocolaires anonymes aux titres d'un sultan Mamlouk.
Egypte, XVe s.
Appartenant à M. CHARLES MANNHEIM.

160. **Chauffe-mains** à deux calottes hémisphériques ajourées et incrustées d'argent.
Egypte, XVe s.
Appartenant à M. KEVORKIAN.

161. **Écritoire** décorée de médaillons ornés de canards et de fleurs de marguerites incrustés en or et argent.
Egypte, XVe s.
Appartenant à M. OCTAVE HOMBERG.

162. **Chandelier** en cuivre décoré d'inscriptions ajourées au milieu de rinceaux.
Egypte, XVe s.
Appartenant à M. CH. GILLOT.

163. **Support** de plateau en cuivre, décoré de hautes inscriptions.

Egypte, XVe s.

Appartenant à M. Paul Garnier.

164. **Boite** ronde en cuivre avec couvercle, ornements géométriques incrustés en argent.

Egypte, XVe s.

Appartenant à M. Paul Garnier.

165. **Boite** à pans coupés, couvercle à charnière, rinceaux et médaillons incrustés d'argent et d'or.

Inscription protocolaire anonyme aux titres d'un émir égyptien. Sur la panse et sous le couvercle, 7 cartouches (bénédictions à un sultan anonyme).

Egypte, XVe s.

Appartenant à M. Léon Dru.

166. **Bassin** décoré d'une frise à inscription protocolaire anonyme aux titres d'un émir égyptien, incrustée en argent et interrompue par des médaillons de canards volant.

Egypte, XVe s.

Appartenant à Mme Delort de Gléon.

167. **Boite** tubulaire à couvercle, décorée d'arbres séparant un tigre poursuivant une gazelle, médaillons à armoiries.

Trois inscriptions protocolaires aux noms et titres de l'émir Aidumur Achrafi, gouverneur d'Alep au xve siècle, pour un sultan Mamlouk d'Egypte.

Egypte, XVe s.

Appartenant à Mme Delort de Gléon.

168. **Chandelier** à pied triangulaire, à pans coupés, décoré d'inscriptions et d'ornements losangés inscrustés en argent.

Inscription protocolaire anonyme aux titres d'un émir égyptien. Sous la bobèche, le nom du premier propriétaire, l'émir Salâh-ad-dîn.

Egypte, XVe s.

Appartenant à Mme Delort de Gléon.

169. **Petit bol** incrusté d'argent et d'or, formules banales d'aphorismes.

Egypte, XVIe s.

Appartenant à M. Peytel.

170. **Plaques** en acier découpé et ajouré d'inscriptions (invocations à Mahomet), remontées en boîte carrée.
Egypte, XVIe s.
Appartenant à Mme DE BLIGNIÈRES.

171. **Plaque** en acier découpé ajouré d'une inscription d'invocation à Mahomet, encadrée d'une bordure ajourée d'une inscription reproduisant partie d'un verset du Koran.
Egypte, XVIe s.
Appartenant à Mme DE BLIGNIÈRES.

171 *bis*. **Chandelier** à grande inscription aux noms de Malik Mu Ayyad Dawoud, sultan rassoulide du Yémen.
Egypte, fin du XIIIe s.
Appartenant à M. HUGUES KRAFT.

ATELIERS DE PERSE ET DE L'INDE

172. **Bulbe côtelée**, peut-être un poids de chaîne de lampe. Incrustée de cuivre rouge.

Inscriptions circulaires, médaillons décorés de canards. Au milieu une sorte de médaille soudée, représentant un sphinx entouré de rinceaux.

L'une des inscriptions en caractères coufiques indique « fait par Abder Razzaq de Nisapur ».
Perse, comm. du XIIIe s.
Appartenant à M. SARRE, *de Berlin*.

173. **Grand plateau** incrusté de médaillons à personnages. Au centre un prince sur un trône avec 2 serviteurs et un faucon à ses pieds. Ailleurs d'autres personnages buvant, jouant d'instruments de musique.
Perse, XIIIe s.
Appartenant à M. SARRE, *de Berlin*.

174. **Boîte** à couvercle bombé, incrustée d'argent, décorée de frises de cavaliers et de deux frises d'inscriptions en persan.
Perse, XIVe s.
Appartenant à M. LÉON DRU.

175. **Chandelier** de cuivre incrusté d'argent et d'or ; médaillons d'inscriptions et de cavaliers alternant.

Sur la panse, inscriptions protocolaires anonymes aux

titres d'un sultan d'Asie Centrale ou Mineure, ou de Perse.
Sur le col, inscription protocolaire anonyme aux titres d'un émir égyptien du xve siècle (le col est rapporté).

Perse, XIVe s.

Appartenant à M. Ed. Guérin.

176. **Bassin** à médaillons (cavaliers et personnages debout) ; or et argent.

Perse, XIVe s.

Appartenant à M. Ed. Guérin.

177. **Bassin** incrusté or et argent ; médaillons à personnages et à inscriptions alternés.
Inscriptions protocolaires anonymes aux titres d'un sultan d'Asie Mineure ou Centrale, ou de Perse.

Perse, XIVe s.

Appartenant à M. Ed. Guérin.

178. **Miroir** à incrustations d'or.

Perse, XIVe-XVe s.

Appartenant à M. Mutiaux.

179. **Seau** de cuivre incrusté d'argent, rinceaux et personnages, et inscriptions *persanes*.

Perse, XVe s.

Appartenant à M. Mutiaux.

180. **Petite coupe** surbaissée en bronze gravé, ornée au centre de deux figures de sphinx.

Perse, XVe s.

Appartenant à M. Henry Dallemagne.

181. **Brasero** à trois pieds, couvercle ajouré et incrusté d'or.

Perse, XVe s.

Appartenant à M. Henry Dallemagne.

182. **Chope** en cuivre gravé, décorée de fleurs et d'ornements semblables à ceux des tapis.

Perse, XVIe s.

Appartenant à M. Paul Garnier.

183. **Petite boîte** tubulaire incrustée en argent d'animaux dans des rinceaux.

Perse, XVIe s.

Appartenant à M. Paul Garnier.

184. **Vasque** en forme de nacelle terminée à chaque extrémité par des têtes de dragons. Décor gravé et niellé de vernis noir, à la partie supérieure, frise d'inscription en persan.
Perse, XVIe s.
Appartenant à M. le baron Edmond de Rothschild.

185. **Vase** en cuivre, à anse mobile, niellé au vernis noir d'ornements géométriques et d'entrelacs enfermant des animaux, — frise d'inscription en persan.
Perse, XVe-XVIe s.
Appartenant à M. le baron Edmond de Rothschild.

186. **Deux chandeliers** en cuivre, l'un à décor de chevrons, et niellé de vernis noir, l'autre à décor d'ornements et d'inscriptions persanes niellées de vernis noir.
Perse, XVIe s.
Appartenant à M. le baron Edmond de Rothschild.

187. **Boîte** de Coran octogonale, décorée de tiges de fleurs gravées et niellées. Cuivre.
Perse, XVIIe s.
Appartenant à M. Henry Dallemagne.

188. **Chandelier** décoré de chevrons à rainures et d'ornements gravés, frise d'inscription en persan.
Perse, XVIIe s.
Appartenant à M. Léon Dru.

189. **Versoir** en cuivre gravé, décor de rinceaux et d'inscriptions en persan.
Perse, XVIIe s.
Appartenant à M. Léon Dru.

190. **Bol** en étain gravé et incrusté d'or, figures et fleurs.
Perse, XVIIIe s.
Appartenant à M. Henry Dallemagne.

191. **Boîte** en cuivre gravé, inscriptions grossières, versets du Coran et invocations.
Magreb, XVIe s.
Appartenant à M. Raymond Kœchlin.

192. **Bouteille** et son plateau avec incrustations d'argent.
Inde, XVIIe s.
Appartenant à M. Léon Dru.

193. **Bouteille** en cuivre gravé, de médaillons et de personnages.
Inde, XVIIe s.
Appartenant à M. Boy.

194. **Vase** tubulaire, bronze noir incrusté d'argent.
Inde, XVIIIe s.
Appartenant à Mme Vve Chabrières-Arlès.

194 *bis.* **Plateau de cuivre** incrusté d'argent.
Appartenant à M. le Cte de Toulouse-Lautrec.

CUIVRES DORÉS

195. **Grande aiguière** à anse, décorée de bandes sinueuses alternativement unies et gravées.
(Ancienne collection Leroux).
Turquie, XVIIe s.
Appartenant à M. Piet-Lataudrie.

196. **Coupe** avec couvercle, décorée de fers de lance en godrons reliés les uns aux autres.
Turquie, XVIIe s.
Appartenant à M. Piet-Lataudrie.

197. **Fontaine**, décor en forme de têtes de clous.
Turquie, XVIIe s.
Appartenant à M. Piet-Lataudrie.

198. **Grande aiguière** en cuivre doré, à fond uni, décor de bandes gravées et d'un cartouche à inscriptions.
Appartenant à M. Piet-Lataudrie.

199. **Petit brûle-parfums** sur plateau avec séries de petites coupoles ajourées.
Turquie, XVIIe s.
Appartenant à M. Piet-Lataudrie.

200. **Petit brûle-parfums** à couvercle décoré de fleurs ajourées.
Turquie, XVIIe s.
Appartenant à M. Piet-Lataudrie.

201. **Aiguière** à long bec avec son bassin ; ornements en têtes de clous.
Turquie, XVIIe s.
Appartenant à M. Piet-Lataudrie.

202. **Petit vase** à deux anses avec ornements gravés.
XVIIe s.
Appartenant à M. Piet-Lataudrie.

203 **Chauffe-mains** à deux calottes hémisphériques ajourées.
XVIIe s.
Appartenant à M. Piet-Lataudrie.

204. **Deux petites cafetières**, décor de coquilles et décor de rinceaux.
XVIIe s.
Appartenant à M. Piet-Lataudrie.

205. **Deux plats** à couscouss avec leurs couvercles.
XVIIe s.
Appartenant à M. Piet-Lataudrie.

206. **Cafetière** avec son plateau, décor de bandes en relief.
XVIIe s.
Appartenant à M. Piet-Lataudrie.

207. **Deux petites bouteilles** en cuivre doré.
XVIIe s.
Appartenant à M. Piet-Lataudrie.

208. **Petit bassin** en cuivre doré.
XVIIe s.
Appartenant à M. Piet-Lataudrie.

209. **Deux petits sucriers** en cuivre doré.
XVIIe s.
Appartenant à M. Piet-Lataudrie.

210. **Gourde** en cuivre doré, gravée d'ornements floraux.
Perse, XVIIe s.
Appartenant à M. Piet-Lataudrie.

211. **Grande aiguière** à côtes, avec frises d'ornements gravés.
Asie centrale, XVIIe s.
Appartenant à M. Léon Dru.

212. **Aiguière** à panse aplatie en cuivre doré.
Asie centrale, XVIIe s.
Appartenant à M. Stora.

213. **Grand récipient** en cuivre étamé, à décor gravé de médaillons rehaussés d'ornements fleuronnés et reliés entre eux par des bandes d'entrelacs.
XVIe-XVIIe s.
Appartenant à M. René de Saint-Marceaux.

214. **Cafetière** cuivre gravé.
XVIIIe s.
Appartenant à Mme Vve Chabrières-Arlès.

ATELIERS DE VENISE

215. **Plateau** en cuivre décoré de compartiments gravés et d'entrelacs d'argent incrustés. Au milieu du plateau, une étoile portant au centre la signature de l'artisan, maître Mahmoud le Kurde.
Venise, XVIe s.
Appartenant à M. Charles Mannheim.

216. **Petite boîte** ronde et plate à couvercle, en cuivre, décorée d'ornements gravés encadrés d'un fil d'argent en relief et incrusté formant compartiments.
Venise, XVIe s.
Appartenant à M. Charles Mannheim.

217. **Bol** de cuivre (« Zébil »).
Travail musulman de Venise, fait pour une famille génoise, dont les armoiries (barres verticales) se retrouvent dans le décor des rinceaux à incrustations d'argent.
Sur la base est un monogramme entrelacé (Mehemet-Ali), à demi effacé.
Venise, XVIe s.
Appartenant à M. Hugues Kraft.

218. **Deux petits chandeliers** en cuivre incrusté d'argent ; armoiries.
Venise, XVIe s.
Appartenant à M. Raymond Kœchlin.

219. **Petit plateau** incrusté d'argent. Sur le bord, inscription incrustée d'or, titres protocolaires déformés.
Venise, XVIe s.
Appartenant à M. RAYMOND KŒCHLIN.

220. **Boîte ronde** avec couvercle incrusté d'argent.
Venise, XVIe s.
Appartenant à M. KEVORKIAN.

221. **Petit bassin** en cuivre, avec couvercle incrusté d'argent.
Venise, XVIe s.
Appartenant à M. PAUL GARNIER.

222. **Plat** à ombilic gravé et incrusté d'argent.
Venise, XVIe s.
Appartenant à M. PAUL GARNIER.

223. **Sacchia** à anse, en cuivre incrusté d'argent.
Venise, XVIe s.
Appartenant à M. PAUL GARNIER.

224. **Bassin** en cuivre gravé et incrusté d'argent, de technique tout arabe.
Venise, XVIe s.
Appartenant à M. PAUL GARNIER.

225. **Pot** à anse, côtelé, en cuivre incrusté d'argent, porte une signature : « Gravure du maître Qâsim. »
Venise, XVIe s.
Appartenant à M. PAUL GARNIER.

226. **Grand plat** en cuivre incrusté d'argent.
Venise, XVIe s
Appartenant à M. HENRY DALLEMAGNE.

227. **Plateau** cuivre gravé.
Venise, XVIe s.
Appartenant à Mme Vve CHABRIÈRES-ARLÈS.

228. **Plateau** incrusté d'argent.
Venise, XVIe s.
Appartenant à Mme Vve CHABRIÈRES-ARLÈS.

229. **Plat** de cuivre à arabesques, étoile centrale en relief.
Venise, XVIe s.
Appartenant à M. ED. GUÉRIN.

230. **Petit bassin** vénitien : médaillons à fleurettes et écussons.
Venise, XVIe s.
Appartenant à M. Ed. Guérin.

BRONZE — FER — ACIER

231. **Grand aquamanile** en forme de lion assis sur son train de derrière, dressé sur ses pattes de devant, en bronze décoré d'ornements gravés.
Ancienne collection Fortuny.
Ancienne collection Piot.
Trouvé en 1872 à Palencia (vieille Castille). Le baron Davillier le considérait comme antérieur au XIIe siècle.
Espagne, Xe XIe s.
Appartenant à Mme Ernesta Stern.

232. **Paire d'étriers** en fer, plaqués d'ornements géométriques en or.
Espagne, XIVe s.
Appartenant à M. Stanislas Baron.

233. **Mors** en fer incrusté d'argent.
XVe s.
Appartenant à M. Léon Dru.

234. **Série** d'objets en fer damasquiné d'or. Presse-papier, pince, batterie de fusil, mesure à poudre, boucle pincette, coupe-papier.
Afghanistan ou Perse, XVIe-XVIIe s.
Appartenant à M. Henry Dallemagne.

235. **Verrou** en fer incrusté d'or.
Perse, XVIIe s.
Appartenant à M. Gaston Migeon.

236. **Ciseaux** en fer incrusté d'or.
Perse, XVIIIe s.
Appartenant à M. Léon Dru.

237. **Briquet** en fer incrusté d'or.
Dans des médaillons les mots, plusieurs fois répétés : gouvernement de Bender-Abbas (port persan du golfe Persique).
Perse, XVIe s.
Appartenant à M. Léon Dru.

238. **Ecritoire** en fer incrusté d'argent, décoré de rosaces repoussées.
XVIe s.
Appartenant à M. Ch. Gillot.

239. **Boîte** en laque rouge renfermant tout le nécessaire d'instruments en acier d'un barbier chirurgien.
Perse, XVIIe s.
Appartenant à M. Henry Dallemagne.

240. **Coffret** de fer incrusté d'argent avec médaillons décorés de biches et d'oiseaux de Fong-Hoang, et de petites rosaces.
(Influence persane.)
Corée, XVIIe s.
Appartenant à Mme Delort de Gléon.

241. **Boîte** ronde en fer à couvercle décorée d'un quadrillé. Incrusté d'argent. Cercles décorés de bâtons de style chinois
Corée, XVIIe s.
Appartenant à Mme Delort de Gléon.

242. **Petit coffret** de fer incrusté d'argent, décoré de fleurs sur le couvercle, les cercles avec bâtons de style chinois.
Corée, XVIIe s.
Appartenant à Mme Delort de Gléon.

ARMES

243. **Casque mongol** à timbre conique en spirales, damasquiné d'argent, inscriptions autour de la base et ornements fleuris dans les spirales. Camail de mailles et nasal.
Turquie, XIVe s.
Appartenant à M. Gérôme.

244. **Casque** à timbre conique uni, incrustations d'or. Inscriptions au pourtour, et médaillons d'inscriptions. Camail de mailles et nasal.

Turquie, XIVe s.

Appartenant à M. J.-L. Gérôme.

245. **Casque mongol**, à timbre conique, à facettes obliques, décoré en incrustations d'argent, de rinceaux et de bandes d'inscriptions ; il a un nasal et un camail de mailles. Inscriptions en coufique décoratif et en arrondi, renfermant des formules banales.

Ancienne Con Goupil.

Asie Mineure, XIVe s.

Appartenant à M. Hugues Kraft.

246. **Casque** à nasal, timbre de forme allongée en fer uni ; visière, bordure et couvre-nuque ornés d'inscriptions arabes dorées.

Ancienne collection Desmottes.

Turquie, XIVe s.

Appartenant à M. Jean Guiffrey.

247. **Casque** de fer, dit mongol, à inscriptions d'argent, à caractères coufiques, inscriptions banales et protocolaires à moitié déformées.

XIVe s.

Appartenant à M. Raymond Kœchlin.

248. **Casque** de fer, dit mongol, à inscription dorée, inscriptions protocolaires anonymes aux titres d'un sultan d'une dynastie turque, et une inscription banale.

Asie Mineure, XVe s.

Appartenant à M. Raymond Kœchlin.

249. **Casque** de fer, dit mongol, à inscriptions d'argent. Inscriptions banales et protocolaires à moitié déformées.

XVe s.

Appartenant à M. Raymond Kœchlin.

250. **Casque** incrusté d'argent, timbre en spirales à ornements alternant avec inscriptions arabes. Camail de mailles et nasal.

Asie Mineure, XVe s.

Appartenant à M Orville.

251. **Casque** en fer avec son camail, inscriptions banales en arabe et en persan.
Turquie, XVᵉ s.
Appartenant à M. Léon Dru.

252. **Casque** en fer, inscription incrustée en argent, aux titres des sultans ottomans.
Turquie, XVᵉ s.
Appartenant à M. Octave Homberg.

253. **Casque** de fer à pointe, sans inscription.
Perse, XVIᵉ s.
Appartenant à M. Raymond Koechlin.

254. **Casque** en fer damasquiné de hautes inscriptions en argent.
Asie Mineure, XIVᵉ s.
Appartenant à M. Masson.

255. **Cotte de mailles**, 2 brassards et 2 cuissards en fer damasquiné d'argent.
Asie Mineure, XIVᵉ s.
Appartenant à M. Masson.

256. **Une pièce d'armure**, fer ciselé à inscriptions niellées.
Perse, XVᵉ s.
Appartenant à M. Hugues Kraft.

257. **Frontal** de cheval, en fer gravé.
Perse, XVᵉ s.
Appartenant à Mme Delort de Gléon.

258. **Plaque** de fer articulé gravé de rinceaux et incrusté d'or, fragment de housse de cheval.
Perse, XVᵉ s.
Appartenant à Mme Delort de Gléon.

259. **Poignard.**
Perse, XVIᵉ s.
Appartenant à M. le marquis de Vogüé.

260. **Plaque** de corselet en acier gravé.
Perse, XVIᵉ s.
Appartenant à M. Henry Dallemagne.

261. **Grand sabre** dont le fourreau et la poignée sont en cuivre gravé et décoré de nielles.
Perse, XVIIe s.
Appartenant à Mme DELORT DE GLÉON.

262. **Fusil** orné au bout du canon d'une tête de gazelle, le canon décoré de bêtes incrustées en or.
Perse, XVIIe s.
Appartenant à M. HENRY DALLEMAGNE.

263. **Tambour** pour la chasse au faucon, en acier incrusté d'or.
Perse, XVIIIe s.
Appartenant à M. HENRY DALLEMAGNE.

264. **Bouclier** en fer laqué présentant des combats d'animaux.
Travail inachevé.
Travail indo-persan. XVIIe s.
Appartenant à M. ARTHUR MARTIN.

265. **Carquois** avec flèches.
Appartenant à M. J.-L. GÉRÔME.

266. **Sabre de Bach-Agah** recourbé, dans un fourreau en argent repoussé et ciselé. La lame est damasquinée de rinceaux en or, et ceinturon.
Appartenant à M. LE GÉNÉRAL DE LA GIRENNERIE.

267. **Sabre de Bach-Agah**, à poignée en corne de rhinocéros, ceinturon en soie verte.
Algérie, XVIIe s.
Appartenant à M. LE GÉNÉRAL DE LA GIRENNERIE.

268-292. **Vingt-quatre poignards et couteaux** de la Perse et de l'Inde.
Couteau de chasse persan.
Couteau persan.
Couteau persan.
Couteau persan.
Couteau persan.
Poignard persan.
Sabre persan.
Marteau d'armes persan.
Hachette persane.

Poignard du Kurdistan.
Poignard du Kurdistan.
Kard de Bokkara.
Poignard afghan.
Trousse égyptienne.
Couteau égyptien.
Poignard indien de Jeypore.
Poignard indien dit Jambiya.
Poignard indien dit Khanjar.
Poignard indien du nord-ouest.
Couteau indien mongole.
Khatar indo-musulman.
Khatar de Delhi.
Epieu indien.
Poignard du Népaul.
Perse ou Inde, XVIe s.

Appartenant à M. Holstein.

292 *bis*. **Collection d'armes.**

Appartenant à M. Moser.

ORFÈVRERIE — ÉMAILLERIE — BIJOUX

293. **Ceinture** formée d'une rosace en bronze doré et filigrané, décorée de quatre petites plaques d'émail translucide à ornements d'entrelacs, six bouts articulés en forme de plaques portent même décoration.
Style de l'Épée de Boabdil.
Espagne, XIVe s.

Appartenant à M. Sigismond Bardac.

294. **Boucle** et ornements de ceinture en cuivre champlevé et émaillé, décoration d'entrelacs d'émail blanc sur fond vert.
Espagne, XIVe s.

Appartenant à M. Boy.

295. **Deux boucles** de ceinture à entrelacs émaillés.
Espagne, XIVe s.

Appartenant à M. Octave Homberg.

296. **Deux plaques** d'émail champlevé, décoré l'une de

deux lions dans des médaillons encadrés d un ornement tressé, et l'autre, de grands rinceaux ; influence arabe.

Espagne, XIVe s.

Appartenant à M. Boy.

297. **Deux bagues** de fiançailles, de pouce, or, turquoises, rubis et perles enchâssés.

Anatolie.

Appartenant à M. Vitali Fransès.

298. **Parure** de front avec pendentif argent et turquoises.

De Van en Arménie, XVIIe s.

Appartenant à M. Vitali Fransès.

299. **Parure** de front en or ajouré et ornée de trèfles en rubis pâles.

Arménie.

Appartenant à M. Vitali Fransès.

300. **Collier** argent incrusté de turquoises.

Arménie.

Appartenant à M. Vitali Fransès.

301. **Boucle** en jade incrustée d'or, d'émeraudes et de rubis.

Turquie d'Asie, XVIIe s.

Appartenant à M. Vitali Fransès.

302. **Deux boucles d'oreilles.** Soleil rayonnant formé de perles autour d'un noyau central émaillé.

Grèce, XVIIIe s.

Appartenant à M. Vitali Fransès.

303. **Collier** à trois médaillons incrustés de corail.

Appartenant à M. Léon Dru.

304. **Petit collier** formé de dix-huit boules ajourées en argent doré, portant suspendu un médaillon rond orné, au pourtour, de douze cabochons verts et rouges alternant ; au centre, une rosace ornée de sept turquoises enchâssées autour d'un motif rayonnant formé par des losanges unis sur un fond filigrané et ajouré, également en argent doré.

Appartenant à M. Léon Dru.

305. **Collier** à trois rangs de chainettes en argent, à trois plaques incrustées de corail, une rectangulaire entre deux triangulaires.

Appartenant à M. Léon Dru.

306. **Petit coffret** rectangulaire en argent doré, filigrané et ajouré, sur quatre pieds en boules, décoré au pourtour d'arcades figurées par des tiges de fleurs, couvercle à charnière, portant sur le dessus, dans un encadrement rectangulaire, une rosace centrale entourée de huit autres rosaces, mais plus petites.

Appartenant à M. Léon Dru.

307. **Petite bonbonnière** de forme sphérique aplatie, en argent doré, filigrané et ajouré ; couvercle à charnière, légèrement bombé, décoré d'une étoile à huit pointes placées dans un ornement lobé.

Appartenant à M. Léon Dru.

308. **Petite cassolette** de forme sphérique aplatie, décorée, sur chaque face, d'un médaillon circulaire en filigrane d'argent ; au centre, un fleuron orné de turquoises.

Appartenant à M. Léon Dru.

309. **Deux agrafes** de manteau rehaussées d'émaux cloisonnés.

Travail marocain.

Appartenant à M. le général de la Girennerie.

310. **Dessus de lanterne** en cuivre ajouré, décoré de médaillons en émaux cloisonnés.

Travail algérien, XVIIe s.

Appartenant à M. le général de la Girennerie.

310 *bis*. **Collection de Bijoux.**

Travail algérien.

Appartenant à M. Paul Eudel.

CÉRAMIQUE

ÉPOQUES ARCHAIQUES. — ÉGYPTE, PERSE, SYRIE

311. **Vase** bleu et rouge à zones de rinceaux et d'animaux.
Egypte ptolémaïque.
Appartenant à M. Raymond Kœchlin.

312. **Fragment** d'une grande jarre en terre cuite. Décor en relief d'oiseaux, de deux têtes de lions, et d'un personnage debout vêtu d'une longue robe, le poignard à la ceinture et tenant un gobelet. Ornements en forme d'S et entrelacs.
Perse-Sassanide ou début de l'Hegire.
Appartenant à Mme la comtesse de Béarn.

313. **Grand vase** à couverte bleue avec un décor en relief noir de grandes inscriptions déformées, en coufique décoratif.
Epoque abbasside, Xe-XIe s.
Appartenant à Mme la comtesse de Béarn.

314. **Vase** bleu à irisations avec des caractères noirs en relief de coufique fleuri.
Epoque abbasside, Xe-XIe s.
Appartenant à M. Raymond Kœchlin.

FOUILLES d'EL-RAKKA SUR L'EUPHRATE, XIe-XIIe s.

315. **Tabouret** ajouré en faïence.
Appartenant à M. Homberg.

316. **Plat** creux en faïence à reflets, décoré au fond d'une inscription en coufique décoratif.
Appartenant à M. Kalebjian.

317. **Bassin** à décor mordoré et bleu de rinceaux et d'inscriptions sur fond crème.

Appartenant à M. Raymond Kœchlin.

318. **Plat** creux à décor mordoré et bleu de rinceaux et d'inscriptions sur fond crème.

Appartenant à M. Raymond Kœchlin.

319. **Bol** à décor mordoré et bleu de rinceaux et d'inscriptions sur fond crème.

Appartenant à M. Raymond Kœchlin.

320. **Soucoupe** à décor mordoré et bleu de rinceaux et d'inscriptions sur fond crème.

Appartenant à M. Raymond Kœchlin.

321. **Petite assiette** à décor mordoré et bleu de rinceaux et d'inscriptions sur fond crème.

Appartenant à M. Raymond Kœchlin.

322. **Pot** à anse à décor mordoré et bleu de rinceaux et d'inscriptions sur fond crème.

Appartenant à M. Raymond Kœchlin.

323. **Vase** mordoré, à décor de rinceaux ; anses bleues.

Sur le col une courte inscription faisant peut-être allusion au contenu du vase ??? ou une plaisanterie ??

Appartenant à M. Mutiaux.

324. **Pot** décoré d'une frise circulaire d'inscription, cernée de bandes bleues sur fond d'émail jaunâtre.

Appartenant à M. Kevorkian.

325. **Petit vase** à anse, décoré d'une frise d'inscriptions à reflets entre deux traits bleus.

Appartenant à M. Antoine Brimo.

DIVERS

Chypre (ornements gravés).
Egypte (fouilles de Fostat).
Egypte, XVe **s**

326-337. **Onze bols**, à décor gravé.
Pieuvre.
Blason triangulaire.
Figure à corps schématique.
Figure avec rinceaux.
Blanc avec cercle de rinceaux
Ailes.
Figures accolées.
Oiseaux.
Barres à feuillages.
Oiseau.
Soleil.
Procédés repris par les 1ers ateliers italiens du xve s.
Chypre, XIVe s.
Appartenant à M ENLART.

338. **Fragments** de céramique du Caire.
XIIe-XVIIe s. (?)
Appartenant à M. RAYMOND KŒCHLIN.

339. **Fragment** de brique portant gravé un fragment d'inscription dont le contour en caractères coufiques est émaillé en bleu turquoise.
Provenant de la frise de la coupole de la Mosquée du Sultan Hassan.
Egypte, XVe s.
Appartenant à M. DE SAINT-MAURICE.

340. **Grande coupe** sur piédouche en faïence, émail brun, inscription.
Egypte, XVe s.
Appartenant à M. RAYMOND KŒCHLIN.

341. **Fragment** de coupe brun, décoré de rinceaux sur engobe.
Egypte, XVe s.
Appartenant à M. MARCEL GUÉRIN.

342. **Couvercle** d'un vase tubulaire. Décor d'ornements géométriques polychromes sur fond blanc.
Art arabe du Caire.
XIVe-XVe s.
Appartenant à M. AUGUSTE CHABRIÈRES.

343. **Gourde** décorée d'ornements linéaires bleus et rouges.
Egypte.
Appartenant à Mme Delort de Gléon.

344. **Vase** bleu uni sans décor.
Egypte (?)
Appartenant à M. Raymond Kœchlin.

~~~~~~~

SYRIE ET ÉGYPTE

BLEUS IRISÉS — BLEUS DÉCORÉS EN NOIR

345. **Grand pot** de faïence à couverte bleue, totalement irisé or et argent, sans décor.
Syrie ou Mésopotamie, antérieur au XIIIe s.
Appartenant à M. Ch. Gillot.

346. **Petit vase** décoré de médaillons, le col porte une inscription d'émail bleu sur un fond totalement irisé.
Syrie ou Mésopotamie, XIIe-XIIIe s.
Appartenant à M. Ch. Gillot.

347. **Dessus d'écritoire** percé de deux trous pour les godets, encadré de deux frises d'inscriptions en émail bleu totalement recouvert d'irisation argentée.
Syrie ou Mésopotamie, XIIe-XIIIe s.
Appartenant à M. Ch. Gillot.

348. **Petite lampe** en terre émaillée, bleue, à reflets mordorés.
Syrie.
Appartenant à M. Ed. Guérin.

349. **Petite aiguière** bleu turquoise, à irisations mordorées.
Syrie.
Appartenant à M. Ed. Guérin.

350. **Petit bol** à décor mordoré, fond bleu.
Egypte, XIIIe s.
Appartenant à M. Raymond Kœchlin.

351. **Grand plat** creux, mordoré, décor de rinceaux.
Appartenant à M. Mutiaux.
~~~~~~~

352. **Vase** à émail bleu décoré en noir de deux frises circulaires, l'une de gazelles et d'oies, l'autre d'ornements en volutes.
Région de l'Euphrate.
Antérieur au XIIIe s.
Appartenant à M. Peytel.

353. **Petite coupe** bleue, à décor noir, frise d'oiseaux dans des rinceaux.
Antérieur au XIIIe s.
Appartenant à M. Mutiaux.

354. **Coupe** bleue à décor noir.
Quelques caractères déformés sans lecture intelligible.
Syrie ou Région de l'Euphrate.
Appartenant à M. Mutiaux.

355. **Petit pot** à couverte bleue, décor noir.
Syrie ou Région de l'Euphrate.
Appartenant à M. Alexis Rouart.

356. **Bol** bleu turquoise, à inscriptions et arabesques noires.
Appartenant à M. Ed. Guérin.

357. **Plat** bleu turquoise à décor rayonnant de tulipes noires.
Syrie, XVe s.
Appartenant à M. Ed. Guérin.

358. **Plat**, décor à rubans ondulants noirs sur fond bleu.
Syrie, XVe s.
Appartenant à M. Stora.

359. **Pot** décoré de losanges, décoré de fleurs bleues sur de petits disques noirs.
Syrie, XVe s.
Appartenant à M. Boy.

360. **Pot** décoré de compartiments ovoïdes en damiers bleus et noirs.
Syrie, XVe s.
Appartenant à M. Ch. Gillot.

361. **Coupe** à décor bleu et noir.
Syrie, XVe s.
Appartenant à M. Raymond Kœchlin.

362. **Assiette** à palmettes bleues et noires.
Syrie.
Appartenant à M. Raymond Kœchlin.

363. **Tasse** bleue à décor de rinceaux noirs.
Syrie.
Appartenant à M. Raymond Kœchlin.

364. **Coupe** en faïence bleue, décor noir.
Syrie, XVIe s.
Appartenant à M. Kalebjian.

365. **Pot à** anse en faïence bleu pâle, décor en noir.
Syrie, XVIe s.
Appartenant à M. S. Goldschmidt.

366. **Petit plat** creux d'émail bleu clair, décoré de points carrés noirs ; au centre, un médaillon rond avec *inscription.*
Syrie, XVe s.
Appartenant à M. Boy.

SYRIE

BLEUS, DÉCOR EN REFLETS D'OR

367. **Vase** à forte panse, irisé, raies bleues et blanches alternées.
Sur le col, inscription en coufique simple, indiquant peut-être le IXe s. (ou le Xe s.) (?), elle est très indistincte et les caractères ont coulé.
Syrie (?) **IXe-Xe s.**
Appartenant à M. Mutiaux.

368. **Vase** à couverte bleue, décor d'ornements géométriques à reflets d'or vert, le fond semé de petits rinceaux ; au col et à la partie inférieure une frise d'inscription indi-

quant que le vase a été fait pour Asad d'Alexandrie ou Alexandrette, par Yusuf, à Damas.

Syrie, XIVe s.

Appartenant à Mme LA COMTESSE DE BÉARN.

369. **Albarello** à couverte bleue, décor de paons en reflets d'or au milieu de rinceaux.

Syrie ou Egypte, XIVe s.

Appartenant à Mme LA COMTESSE DE BÉARN.

370. **Albarello** à couverte blanche décorée en bleu de paons au milieu de feuillages.

Syrie ou Egypte, XIVe s.

Appartenant à Mme la COMTESSE DE BÉARN.

371. **Petit pot** à pans coupés, décoré d'ornements circulaires et de rinceaux en reflets sur un fond tantôt blanc crème, tantôt bleu.

Syrie, XIVe s.

Appartenant à Mme LA COMTESSE DE BÉARN.

372. **Albarello** décoré de bandes longitudinales alternativement blanc-bleu et noir (ces dernières gravées d'un entrelac en réserve).

Syrie ou Egypte, XIVe s.

Appartenant à Mme LA COMTESSE DE BÉARN.

373. **Albarello** à facettes, bleu vif (?), sans inscription.

Appartenant à M. MUTIAUX.

374. **Fragments** de céramique.

Damas, XIIe-XVIIe s.

Appartenant à M. RAYMOND KŒCHLIN.

375. **Pot arabe** non décoré, à couverte craquelée verte.

Syrie, XIVe-XVe s.

Appartenant à M. RENÉ MÉNARD.

376. **Pot** de faïence à couverte verdâtre et à coulées rougeâtres sans aucune décoration.

Art arabe, XIVe s.

Appartenant à M. JEUNIETTE.

DAMAS DÉCORÉS

377. **Grand plat** de Damas, décor bleu, vert et rose ; fleurs et rinceaux avec un paon.
XVe s.
Appartenant à M. Raymond Koechlin.

378. **Petit plat** de Damas, fond bleu, à décor rayonnant de tulipes.
XVe s.
Appartenant à M. Raymond Koechlin.

379. **Grand plat** de Damas, fond bleu à décor de marguerites et de tulipes.
XVe s.
Appartenant à M. Raymond Koechlin.

380. **Grand plat** de Damas à décor de roses et de tulipes.
XVe s.
Appartenant à M. Raymond Koechlin.

381. **Plat** de Damas fond bleu, décor de pavots blancs.
XVe s.
Appartenant à Mme Vve Chabrières-Arlès.

382. **Plat** à fond blanc, décor de tulipes et de pavots, bleu foncé, bleu pâle et manganèse
Damas, XVe s.
Appartenant à M. Peytel.

383. **Plat** avec médaillons à réserve blanche, décorés de fleurettes, marli bleu décoré de fleurettes.
Damas, XVe s.
Appartenant à M. Manzi.

384. **Plat** à décor de jasmins et de marguerites bleus sur fond blanc et manganèse.
Damas, XVe s.
Appartenant à M Octave Homberg.

385. **Plat** décoré au fond de trois vases portant des fleurs sur fond blanc. Le marli est à fond bleu pâle.
Damas, XVe s.
Appartenant à M. Stora.

386. **Plat** de Damas, bouquet de fleurs bleu turquoise et azur stylisées.
Damas, XVe s.
Appartenant à M. Ed. Guérin.

387. **Plat** à fond bleu, décor d'oves en réserve blanche décorés d'une fleur.
Damas, XVe s.
Appartenant à M. le marquis de Vogüé.

388. **Chandelier** en faïence décoré de virgules sur fond blanc.
Damas, XVIe s.
Appartenant à M. Sivadjian.

389. **Bol** fond blanc, dont le creux est décoré de compartiments ovales au trait bleu séparés par des arbres stylisés.
Damas, XVe s.
Appartenant à M. Kelekian.

390. **Petit plat** creux, fond blanc, décor d'une frise d'inscriptions bleues circulaire.
Damas, XVe s.
Appartenant à M. Boy

391. **Tasse** verte à décor de rinceaux réservés.
Syrie.
Appartenant à M. Raymond Kœchlin.

392. **Cadre** de cinq carreaux, dont quatre à décor noir sur fond jaune encadrant un carreau central décoré de fleurs e d'animaux bleus sur fond blanc.
Damas, XVIe s.
Appartenant à M. Ambroise Baudry.

393. **Carreau** hexagonal, émail bleu, décor de disques noirs avec croissants réservés et banderoles.
Damas, XVe s.
Appartenant à M. Kelekian.

394. **Grand cintre**, décoration florale en faïence de Damas.
XVIe s.
Appartenant à M. Henry Dallemagne.

395. **Carreau** décoré de palmes à deux bleus sur fond blanc.
Damas, XVe s.
Appartenant à M. Kelekian.

396. **Carreau** hexagonal à fond blanc, tige de jasmin en fleur à deux bleus et ponctué de rouge.
Damas, XVe s.
Appartenant à M. Kelekian.

397. **Panneau** de trois grands carreaux décorés de fleurs vertes sur fond blanc.
Damas, XVIe s.
Appartenant à M. Henry Dallemagne.

398. **Plaque** octogonale, émail vert pâle, décoré au centre d'un médaillon d'étoiles entrecroisées selon des lignes noires.
Damas, XVe s.
Appartenant à M. Kelekian.

399. **Grand carreau** hexagonal décoré de fleurs et de rinceaux bleu foncé et vert.
Damas, XVIe s.
Appartenant à M. Max Lyon.

400. **Brique** hexagonale, décor aux traits bleus.
Damas, XVIe s.
Appartenant à M. Max Lyon.

401. **Trois briques** formant frise bleu foncé, inscription blanche.
Asie-Mineure, XVIe s.
Appartenant à M. Max Lyon.

ASIE CENTRALE

402. **Plaque** de revêtement en faïence offrant une décoration symétrique d'une sorte de champlevé d'émaux bleus, verts, marrons et blancs.

Provenant d'une chambre du palais de Tamerlan, à Samarkand.

XIVe s.

Appartenant à M. Kalebjian.

403. **Grande plaque** décorée de grands rinceaux d'émail vert, profondément évidés, sur un fond d'autres rinceaux d'émail blanc en plus léger relief.

Provenant du palais de Tamerlan, à Samarkand.

XIVe s.

Appartenant à M. Kalebjian.

404. **Plaque** cintrée à niche, émaillée de bleu.

Provenant du palais de Tamerlan, à Samarkand.

XIVe s.

Appartenant à M. Sivadjian.

405. **Dessus de porte** en carreaux de faïence bleue profondément ajourés sur un fond plein.

Provenant du palais de Tamerlan, à Samarkand.

XVIe s.

Appartenant à M. Sivadjian.

406. **Deux plaques** cintrées provenant du palais de Tamerlan, à Samarkand.

XVIe s.

Appartenant à M. Kevorkian.

PERSE ARCHAIQUE

DÉCOR EN RELIEF SOUS COUVERTE

407. **Petit vase** bleu pâle, décoré en relief, sous couverte, de cavaliers et d'hommes armés chassant.

Perse, ou Mésopotamie, XIIe-XIIIe s.

Appartenant à Mme la comtesse de Béarn.

408. **Aquamanile** en faïence bleu pâle, formé d'un quadrupède portant sur son dos une amphore soutenue par des êtres humains.
Trouvé à Nichapour.
Perse, XIIIe s.
Appartenant à M. Henry Dallemagne.

409. **Coupe** en faïence émaillée bleu pâle, décorée d'une frise d'inscription en caractère arrondi en léger relief.
Perse, XIIIe s.
Appartenant à M. Henry Dallemagne.

410. **Plaque** de faïence à couverte bleu pâle, décorée en relief d'une caravane de chameaux et de chameliers.
Perse, XIIIe s.
Appartenant à M. Alexis Rouart.

411. **Plaque** en faïence bleu pâle, décor en relief.
Perse, XIIIe s.
Appartenant à M. Henry Dallemagne.

412. **Plaque** émaillée bleu clair irisé, décor d'une inscription en relief sous émail semblable.
Perse, XIIe-XIIIe s.
Appartenant à M. Stanislas Baron.

413. **Grande frise** de trois briques, couverte bleu pâle, décor de hautes inscriptions en relief.
Appartenant à M. Stora.

414. **Carreau** mordoré et bleu, à relief ; cavalier.
Perse, XIVe s. (?)
Appartenant à M. Raymond Kœchlin.

PERSE, DÉCOR A REFLETS

FOUILLES DE REY OU RHAGÈS ET ATELIERS DU XVIe SIÈCLE

415. **Plaque** décorée en reflets dorés de deux cavaliers en relief, affrontés et se combattant, sur un fond de rinceaux et d'oiseaux volant en relief aussi.
Provenant de Rhagès.
Perse, XIIIe s.
Appartenant à M. S. Goldschmidt.

416. **Petit vase**, porte-bouquet, à trois goulots latéraux ; décor d'ailes d'oiseaux à reflets d'or. Inscription à frise circulaire.

Perse, XIIIe s.

Appartenant à M. Kelekian.

417. **Deux petits carreaux** décorés, l'un d'un motif d'architecture en arc brisé et d'une sorte d'ornement en forme de lance, l'autre d'une inscription coufique. Émail bleu irisé d'or.

Perse, XIIe-XIIIe s.

Appartenant à M. Kelekian.

418. **Etoile** décorée de trois personnages en reflets d'or, encadrés d'une bordure d'inscription blanche sur fond bleu.

Perse, Rhagès, XIIIe s.

Appartenant à M. Max Lyon.

419. **Petite étoile** décorée d'un cavalier en reflets d'or.

Perse, Rhagès, XIIIe s.

Appartenant à M. Max Lyon.

420. **Trois étoiles** à reflets, un personnage assis et lisant — un paon au milieu de cyprès, deux femmes assises.

Perse, XIIIe s.

Appartenant à M. Kalebjian.

421. **Petite étoile** décorée d'un ours en reflets d'or, bordure bleue.

Perse, XIIIe s.

Appartenant à M. Kelekian.

422. **Petite étoile** décorée d'une femme assise en reflets d'or, bordure bleue.

Perse, XIIIe s.

Appartenant à M. Kelekian.

423. **Petite étoile**, ornements floraux coupés d'une croix en reflets d'or, bordure bleue.

Perse, XIIIe s.

Appartenant à M. Kelekian.

424. **Petite étoile** décorée de deux grues en reflets d'or de chaque côté d'un cyprès, bordure bleue.

Perse, XIIIe s.

Appartenant à M. Kelekian.

425. **Petite étoile** décorée d'un homme assis en reflets d'or, bordure bleue.

Perse, XIIIe s.

Appartenant à M. Kelekian.

426. **Petite étoile** mordorée à reflets métalliques, avec personnage assis ; bord bleu à inscription.

Perse, XIIIe s.

Appartenant à M. Ed. Guérin.

427. **Deux grandes plaques** de revêtement de fond de mirhab décorées en relief de lampes de mosquées suspendues à un arc brisé persan. Des inscriptions en relief bleu, sur fond à reflets d'or, répètent des versets du Coran.

Perse, XIIIe-XIVe s.

Appartenant à M. Manzi.

428. **Deux pieds droits** de fenêtre de forme angulaire, décorés de rinceaux fleuris bleus et reflets dorés ; à la partie supérieure, une frise d'inscription en relief bleu sur fond à reflets d'or, répétant des versets du Coran.

Perse, XIVe s.

Appartenant à M. Manzi.

429. **Fragment** de porte de mirhab portant des inscriptions en relief bleu sur fond de rinceaux et fleurons en reflets d'or, L'inscription de gauche indique le nom de Yousouf, fils d'Ali, fils de Mohammed.

Perse, XIVe s.

Appartenant à M. Manzi.

430. **Deux plaques** à inscriptions en relief bleu sur fond à reflets d'or.

Perse, XIVe s.

Appartenant à M. Manzi.

431. **Plaque** rectangulaire portant une inscription bleue en relief sur un fond de reflets rubis.

Perse, XIVe s.

Appartenant à M. Jeuniette.

432. **Grande plaque** décorée en relief bleu et blanc de grandes tiges fleuries sur un fond d'or semé de virgules blanches.

Perse, XIVe s.

Appartenant à M. Stora.

433. **Grande plaque** frise en relief à reflets, grande inscription en relief bleu sur fond de fleurs et d'animaux en reflets.

Perse, XIVᵉ s.

Appartenant à M. MAX LYON.

434. **Plaque** décorée d'une frise supérieure représentant en relief, sur des feuilles en plus léger relief, un bœuf pourchassé par une lionne ; — plus bas, des oiseaux et la tête d'un personnage en relief.

Perse, XIVᵉ s.

Appartenant à M. MAX LYON.

435. **Grande plaque** décorée en relief d'un oiseau de Fong-Hoang, reflets d'or.

Appartenant à M. HENRY DALLEMAGNE.

436. **Deux carreaux** de Perse, à caractères en relief.

Perse, XIVᵉ s.

Appartenant à M. RAYMOND KŒCHLIN.

437. **Plaque rectangulaire** à grande inscription en relief doré sur fond bleu foncé.

Provenant de la mosquée de Tauris.

Perse, XVᵉ s.

Appartenant à M. ALFRED ANDRÉ.

438. **Grande étoile** à fond rubis reflets, décorée d'ornements interprétés de la fleur et de la palme réservés en blanc. Bordure réservée en blanc sur laquelle se développe une inscription en caractères cursifs à reflets rubis.

Perse, XIVᵉ-XVᵉ s.

Appartenant à M. GASTON MIGEON.

439. **Grande étoile** à reflets métalliques.

Perse, XIVᵉ-XVᵉ s.

Appartenant à M. ED. GUÉRIN.

440. **Etoile** portant des ornements réservés en blanc sur fond à reflets dorés. Une inscription cursive court sur tout le bord.

Perse, XVᵉ s.

Appartenant à M. RENÉ MÉNARD.

441-448. **Grande étoile**, reflets métalliques, décor à palmettes et fleurs, bordure à inscriptions.

Grande étoile semblable à la précédente, décor portant une croix au centre.

Deux étoiles, à reflets, décor en relief, bordure bleue; l'une à oiseau les ailes éployées, l'autre à fleurs.

Deux étoiles à reflets, décor de fleurs en relief, bordure bleue.

Une étoile à reflets portant un canard au centre, bordure bleue.

Une étoile à reflets portant deux gazelles au centre, bordure bleue.

Une étoile fond gros bleu, décor en relief blanc rehaussé de noir.

Etoile à 4 pointes, reflets métalliques, décor en relief.

Perse, XIVe-XVe s.

Appartenant à M. Léonce Mahou.

449. **Etoile** à décor de feuillages en reflets d'or.

Perse, XIVe s.

Appartenant à Mme la comtesse de Béarn.

450. **Etoile** à reflets métalliques.

Veramin, Perse, XIIIe-XIVe s.

Appartenant à M. Raymond Kœchlin.

451. **Trois étoiles** à reflets décorées d'oiseaux adossés et de plantes.

Perse, XVe s.

Appartenant à M. Ch. Gillot.

452. **Etoile** octogonale à motif central rayonnant, limitée par une bordure bleue reflets métalliques.

Perse, XVe s.

Appartenant à M. Gustave Dreyfus.

453. **Etoile** décorée d'une fleur en relief tout irisée.

Perse, XVIe s.

Appartenant à M. Kelekian.

454. **Grande bouteille** en faïence côtelée, alternance de blanc et de bleu, décorée d'oiseaux, d'oiseaux de Fong-Hoang et de branches en reflets d'or.

Perse, XVIe s.

Appartenant à M. Aynard.

455. **Bouteille** fond bleu, décor de branchages et de fleurs en reflets d'or.
Perse, XVIᵉ s.
Appartenant à M. Peytel.

456. **Grand bol**, décoré au fond d'une rosace à dispositions géométriques et sur les bords de cyprès, ou de paons au milieu de feuillages en reflets d'or.
Perse, XVIᵉ s.
Appartenant à M. Peytel.

457. **Bouteille** côtelée, tantôt fond blanc avec décor de gazelles et de fleurs en reflets d'or, tantôt fond bleu pâle avec tiges de fleurs en reflets d'or.
Perse, XVIᵉ s.
Appartenant à M. Peytel.

458. **Bouteille** en faïence bleu pâle, décor d'arbres et de branches retombantes en reflets d'or.
Perse, XVIᵉ s.
Appartenant à M. Max Lyon.

459. **Bouteille** à fleurettes et animaux mordorés : goulot de métal.
Perse, XVIᵉ s.
Appartenant à M. Mutiaux.

460. **Assiette** persane, décor mordoré à reflets, bord bleu.
Perse, XVIᵉ s.
Appartenant à M. Mutiaux.

461. **Petite bouteille** à reflets mordorés.
Perse, XVIᵉ s.
Appartenant à M. Mutiaux.

462. **Petite assiette** en faïence à reflets métalliques sur fond fleur décoré d'un animal fantastique.
Perse, XVIᵉ s.
Appartenant à M. Arthur Martin.

463. **Bouteille** en faïence à reflets métalliques, à fond blanc, décorée d'ifs et d'oiseaux.
Perse, XVIᵉ s.
Appartenant à M. Arthur Martin.

464. **Bouteille**, col rapporté en argent, décorée en reflets d'or sur fond bleu.

Perse, XVIe s.

Appartenant à M. Stora.

465. **Petite bouteille** haute, décor de rubans entrecroisés en reflets.

Perse, XVIe s.

Appartenant à M. Stora.

466. **Coupe** à ombilic, décorée en reflets d'or de fleurs stylisées et de branchettes, et au bord de rinceaux entrecroisés. Les rebords extérieurs sont décorés d'arbustes et de bouquets.

Perse, XVIe s.

Appartenant à M. S. Goldschmidt.

467. **Petite bouteille** fond blanc, à palmes mordorées.

Perse, XVIe s.

Appartenant à M. Léon Dru.

468. **Assiette** bleue à reflets mordorés.

Perse, XVIe s.

Appartenant à M. Léon Dru.

469. **Bouteille** bleue à reflets mordorés.

Perse, XVIe s.

Appartenant à M. Léon Dru.

470. **Coupe** décorée face et revers de branchages et de feuillages en reflets d'or.

Perse, XVIe s.

Appartenant à Mme Delort de Gléon.

471. **Petit plat** en faïence décorée en reflets d'or d'un lion attaquant une antilope, sur fond blanc.

Perse, XVIe s.

Ancienne collection Schefer.
Appartenant à M. Henry Dallemagne.

472. **Bouteille** en porcelaine décorée en bleu d'oiseaux de Fong-Hoang.

Perse, influence mongole, XVIIe s.

Appartenant à M. Henry Dallemagne.

473. **Bol** en faïence décoré de fleurs en reflets d'or sur fond blanc intérieurement, et sur fond bleu extérieurement.
Perse, XVIe s.
Appartenant à M. Henry Dallemagne.

474. **Petite cafetière** décorée d'ornements en reflets.
Perse, XVIe s.
Appartenant à M Bacri.

474 *bis*. **Bouteille**. — **Petit vase balustre**. — **Trois bols** décorés d'ornements en reflets d'or.
Perse, XVIe s.
Appartenant à M. Jeuniette.

PERSE

DÉCORS DES XVIe-XVIIe-XVIIIe S.

475. **Carreau** à fond bleu fouetté, décor d'inscriptions en blanc, caractères persans.
Perse, XVIe s.
Appartenant à M. Kelekian.

476. **Vase**, décor irrégulier de lignes bleues et roses contrariées, de bandes noires avec des filets blancs.
Perse, XVIIe s.
Appartenant à M. Jeuniette.

477. **Vase** en faïence, décor linéaire bleu et rose sur fond blanc.
Perse, XVIIe.
Appartenant à M. le marquis de Vogüé.

478. **Grande vasque** à décor bleu et rose sur fond blanc.
Perse, XVIIe s.
Appartenant à M. Stora.

479. **Globe** à émail bleu pâle, décor de fleurs ponctuées de bleu, avec le cœur rouge.
Perse, XVIIe s.
Appartenant à M. Kelekian.

480. **Grande vasque** en faïence, à décor irrégulier de lignes bleues et rouges contrariées.
Perse, XVIIe s.
Appartenant à M. Haillot du Tilly.

481. **Chope** décor bleu, fond chamois.
Perse, XVIIe s.
Appartenant à M. Ed. Guérin.

482. **Bol** à pans avec sa soucoupe, à décor bleu et rouille.
Perse, XVIIe s.
Appartenant à M. Léon Dru.

483. **Aiguière** à compartiment central méplat, décoré d'un médaillon ajouré.
Perse, XVIIe s.
Appartenant à M. le marquis de Vogüé.

484. **Pot** décoré de compartiments bleus.
Perse, XVIIe s.
Appartenant à M. Ch. Gillot.

485. **Pot** décoré d'ornements bleus sur un fond d'émail jauni.
Perse, XVIIe s.
Appartenant à M. Ch. Gillot.

486. **Grande bouteille** émail vert, décor en relief de femmes au milieu d'arbres.
Perse, XVIIe s.
Appartenant à M. Max Lyon.

487. **Grande bouteille** à panse aplatie, émail vert foncé, décorée en léger relief d'un personnage tenant un lion enchaîné.
Perse, XVIIe s.
Appartenant à M. Charles Ephrussi.

488. **Bouteille** verte, avec personnages en relief.
Perse, XVIIe s.
Appartenant à M. Léon Dru.

489. **Bouteille** verte, à décor de rinceaux.
Perse, XVIIe s.
Appartenant à M. Léon Dru.

490. **Bouteille** à panse aplatie, couverte jaune, décor en relief de femmes et d'arbres.
Perse, XVIIe s.
Appartenant à M. Jeuniette.

491 **Flacon** à deux pans coupés, émail bleu gris, décor en relief d'ornements floraux, bleus sur fond jaune.
Perse, XVIIe s.
Appartenant à M. Max Lyon.

492. **Plat**, décor de rinceaux de fleurs en relief, blanc sur fond bleu.
Perse, XVIIe s.
Appartenant à M. Max Lyon.

493. **Grand plat** décoré en bleu, d'influence mongole.
Perse, XVIIe s.
Appartenant à M. Sivadjian.

494. **Grand plat**, décor chinois avec personnages.
Perse, XVIIe s.
Appartenant à M. Max Lyon.

495. **Plat**, décor d'ornements foliacés, influence mongole, bleu pâle.
Perse, XVIIe s.
Appartenant à M. Max Lyon.

496. **Plat** avec compartiments décorés de feuilles et de fleurs en bleu pâle, influence mongole.
Perse, XVIIe s.
Appartenant à M. Max Lyon.

497. **Bouteille** de décor chinois avec un personnage de type persan au milieu d'arbres et de fleurs.
Perse, XVIIe s.
Appartenant à M. Max Lyon.

498. **Grande bouteille** de faïence à fond blanc, décor en bleu de paysages et de personnages de caractère chinois, une marque.
Perse, XVIIe s.
Appartenant à M. Max Lyon.

499. **Bouteille** semblable à la précédente, décor chinois.
Perse, XVIIe s.
Appartenant à M. Max Lyon.

500. **Petit plat.** Décor d'une bête fantastique de style chinois au centre.
Décor bleu sur fond blanc.
Perse, XVIIIe s.
Appartenant à M. ALFRED ANDRÉ.

501. **Potiche** en céladon.
Perse, XVIIe s.
Appartenant à M. HENRY DALLEMAGNE.

502. **Plat** en céladon.
Perse, XVIIe s.
Appartenant à M. HENRY DALLEMAGNE.

503. **Grande tasse** couverte blanche sans décor avec anses, taillée à facettes.
Perse, XVIe s.
Appartenant à M. GASTON MIGEON.

504. **Petit vase** à décor gravé, faïence blanche de Perse.
Perse, XVIIe s.
Appartenant à M. MAX LYON.

505. **Pot** en faïence blanche, décor de godrons et écailles, ajourée au col.
Perse, XVIIe s.
Appartenant à M. MAX LYON.

506. **Plat** creux en faïence *blanche* translucide, décor de médaillons.
Perse, XVIIe s.
Appartenant à M. MAX LYON.

506 *bis*. **Vase** en forme de nacelle ou calebasse, faïence blanche.
Perse, XVIIe s.
Appartenant à M. JEUNIETTE.

507. **Petite coupe** de faïence translucide fond blanc, décor bleu.
Perse, XVIIe s.
Appartenant à M. MAX LYON.

508. **Grand bol** et son plateau en faïence décorée en bleu, avec ornements ajourés et vitrifiés.
Perse, XVIIe s.
Appartenant à M. HENRY DALLEMAGNE.

509. **Plat** décoré de fleurettes roses et de cinq faces rondes de soleils. Le marli porte une inscription blanche sur fond bleu pâle.

Perse, XVIIe s.

Appartenant à M. Max Lyon.

510. **Bol** en faïence, décoré en brun de médaillons circulaires.

Perse, XVIIe s.

Appartenant à M. Arthur Martin.

511. **Gourde** à décor d'animaux, bleu, à fond blanc.

Perse, XVIIe s.

Appartenant à M. Léon Dru.

512. **Bouteille** de Kaliau, bleu et blanc.

Perse, XVIIe s.

Appartenant à M. Léon Dru.

513. **Bouteille** de Kaliau, bleu et blanc.

Perse, XVIIe s.

Appartenant à M. Léon Dru.

514. **Cafetière** en porcelaine blanche et ornements en léger relief ; la panse à huit pans coupés décorés en bleu. Monture de cuivre incrusté d'or.

Perse, XVIIe s.

Appartenant à M. Henry Dallemagne.

515. **Petit flacon** à deux pans coupés, décor d'oiseaux bleu pâle sur fond blanc, les deux pans coupés décorés d'ornements géométriques en relief blanc sur fond moucheté de bleu.

Perse, XVIIe s.

Appartenant à M. Max Lyon.

516. **Deux petites plaques** décorées en relief de cavaliers portant des faucons au poing, sur fond bleu.

Ancienne collection Méchin.

Perse, XVIIe s.

Appartenant à M. Raoul Duseigneur.

517. **Bol** à pans coupés, compartiments bleus, alternant avec des médaillons émaillés rose.

Perse, XVIIe s.

Appartenant à M. Alfred André.

518. **Bouteille** blanc de Perse, ornements gravés, col décoré bleu clair.
Perse, XVIIe s.
Appartenant à M. Aynard.

519. **Grande bouteille** décorée de bandes longitudinales bleu pâle, ou à fleurettes dorées sur fond blanc.
Perse.
Appartenant à M. Stora.

520. **Grande plaque** à fond bleu, décorée d'une inscription mosaïquée en blanc.
Tauris, Perse, XVe s.
Appartenant à M. Kelekian.

521. **Bouteille** à fond marron, décor de fleurs blanches en léger relief.
Chine, forme et décor orientaux.
Appartenant à M. Alexis Rouart.

521 *bis.* **Plat** (décor mongol) et deux assiettes décor bleu.
Perse, XVIIe-XVIIIe s.
Appartenant à M. Beurdeley.

ATELIERS D'ANATOLIE

DÉCORS EN BLEU

522. **Chandelier** fond bleu foncé, grande inscription circulaire en blanc sur l'épaule, fleurs bleues en rinceaux sur fond blanc.
Anatolie, XVe s.
Appartenant à M. Max Lyon.

523. **Grande vasque** décorée de grands rinceaux bleus sur fond blanc.
Anatolie, XVe s.
Appartenant à M. Stora.

524. **Grande lampe** en faïence à fond blanc, décor d'inscriptions en bleu.
Anatolie, XVIe s.
Appartenant à M. Kelekian.

525. **Petite lampe** de mosquée en faïence à couverte blanche décorée de caractères bleu foncé sur fond d'ara-

besques bleu pâle; sur le col frise en arrondi grêle un peu déformé; sur la panse frise en coufique grêle décoratif, un peu déformé.

« La royauté est à Allah l'unique. »

Anatolie, XVe s.

Appartenant à M. OCTAVE HOMBERG.

526. **Plat** décoré de rosaces bleues sur fond blanc, marli décoré d'ornements mi-partie fond bleu, mi-partie fond blanc.

Anatolie, XVe s.

Appartenant à Mme DELORT DE GLÉON.

527. **Plat** creux décoré de rinceaux et de rubans bleus sur fond blanc, marli décoré de rinceaux sur fond bleu.

Anatolie, XVe s.

Appartenant à Mme DELORT DE GLÉON.

ATELIERS D'ANATOLIE

SIVAS ET KOUTAYEH

528. **Grande gourde** ronde à panse aplatie, décor de fleurs et de rinceaux polychromes.

Koutayeh, XVIe s.

Appartenant à M. STANISLAS BARON.

529. **Grand plat** à décor bleu de fleurettes.

Koutayeh, XVIe s.

Appartenant à M. RAYMOND KŒCHLIN.

530. **Bouteille** carrée, décor polychrome.

Koutayeh, XVIIIe s.

Appartenant à M. LÉON DRU.

531. **Bol** décor gravé de grains de riz.

Koutayeh, XVIIIe s.

Appartenant à M. LÉON DRU.

532. **Bol** lobé, décor polychrome.

Koutayeh, XVIIIe s.

Appartenant à M. LÉON DRU.

533. **Grand vase** ovoïde, médaillon bleu.
Turquie, XVIIe s.

Appartenant à M. Léon Dru.

534-538. **Petite potiche**, fond blanc, décor de fruits et fleurs polychromes.

Bol, fond vert vermiculé, réserves en blanc avec fleurs rouges.

Théière, fond blanc, avec palmettes jaunes (sans anse).

Paire petits vases fond bleu vermiculé, réserves en blanc avec fleurettes.

Assiette avec motifs rayonnants de palmettes vertes et rouges.

Sivas, XVIIe-XVIIIe s.

Appartenant à M. Jeuniette.

539-558 **Bol** avec couvercle, damier rouge, blanc et bleu.

Petite potiche avec couvercle, décor de fleurs, palmes.

Grand bol avec couvercle, palmes rouges et bouquets polychromes.

Coupe avec ses 2 anses, dessins polychromes.

Grand bol fond blanc, guirlande de feuilles et fleurs.

Pichet fond blanc, à côtes, semis bleus.

Buire polychrome (bec brisé).

Petite bouteille droite à 4 faces, avec palmettes polychromes.

Théière forme arrondie, avec palmes rouges et jaunes.

Aiguière, décor à palmettes jaunes et brunes.

Assiette fond blanc, petite rosace au centre, avec bordures de fleurs.

Grand bol avec palmes et feuilles polychromes.

Grand pot bleu avec reliefs jaunes.

Petit pot (sans anse), reliefs dessins cachemire.

Tasse avec anse, fond polychrome avec réserves en blanc, macarons grains d'orge.

Tasse avec soucoupe, palmettes noires et jaunes.

Petite coupe à 3 compartiments, fond aubergine.

Quatre bols, avec couvercles.

Dix bols et tasses.

Douze flacons d'odeur.

Koutayeh, XVIIe-XVIIIe s.

Appartenant à M. Jeuniette.

ATELIERS DE RHODES

559. **Bouteille** avec monture d'argent.

Rhodes, XVIe s.

Appartenant à M. Léopold Goldschmidt.

560. **Broc** à fond bleu, réserves blanches à fleurettes rouges.

Rhodes, XVIe s.

Appartenant à M. Ed. Guérin.

561. **Chope** de faïence à couverte bleue fouettée, décorée de fleurs blanches et rouges.

Rhodes, XVIe s.

Appartenant à M. Jeuniette.

562. **Vase** à fond bleu fouetté, décor de fleurs en blanc ponctué de rouge.

Rhodes, XVIe s.

Appartenant à M. S. Goldschmidt.

563. **Coupe** à piédouche à décors géométriques bleu clair sur fond jaune.

Rhodes, XVIe s.

Appartenant à M. Jeuniette.

564. **Petit vase** décoré de cyprès verts et de fleurs rouges, le rebord du col percé de trous.

Rhodes, XVIe s.

Appartenant à M. Jeuniette.

565. **Plat** à fond gris à petits enroulements sur lesquels se profilent deux tiges de fleurs en rouge.
Rhodes, XVIe s.
Appartenant à M. Peytel.

566. **Chope** en faïence fond blanc, décor bleu de bateaux et voiles déployées.
Rhodes, XVIe s.
Appartenant à M. Alexis Rouart.

567. **Plat**, fond bleu clair, fleurettes blanches.
Rhodes, XVIe s.
Appartenant à M. Mutiaux.

568. **Plat**, à fleurettes, palmettes et fleurs.
Rhodes, XVIe s.
Appartenant à M. Mutiaux.

569. **Compotier**, fond bleu, fleurettes rouges et vertes.
Rhodes, XVIe s.
Appartenant à M. Mutiaux.

570. **Pot** à anse, décor vert et rouge.
Rhodes, XVIe s.
Appartenant à M. Kelekian.

571. **Plat** à fond bleu pâle, parsemé d'animaux.
Rhodes, XVIe s.
Appartenant à M. Kelekian.

572. **Grande chope** à anse, décor de palmes, de grosses fleurs et de cyprès.
Rhodes, XVIe s.
Appartenant à M. Kelekian.

573. **Grande bouteille** à décor de tulipes rouges et de cyprès verts sur fond blanc.
Rhodes, XVIe s.
Appartenant à M. Charles Mannheim.

574. **Bouteille**, goulot argent.
Rhodes, XVIe s.
Appartenant à M. Léonce Mahou.

575. **Bouteille,** décorée de médaillons rouges sur fond blanc. Rubans bleu pâle au col.

Rhodes, XVIe s.

Appartenant à M. Stora.

576. **Pot** à anses, décor d'œillets rouges et de bouquets en fleurs.

Ancienne collection Schefer.

Rhodes, XVIe s.

Appartenant à M. Stora.

577. **Broc** à anse, décor de jasmins bleus et de grandes feuilles bleues et rouges.

Rhodes, XVIe s.

Appartenant à M. Stora.

578. **Plat** décoré d'une large bande portant une branche de pêcher en fleurs, rouge sur fond blanc.

Rhodes, XVIe s.

Appartenant à M. Stora.

579. **Plat** à fond gris, décor rayonnant de filets rouges.

Rhodes, XVIe s.

Appartenant à M. Stora.

580. **Pot,** décor d'écailles vert pâle et de feuilles blanches ponctuées de rouge.

Rhodes, XVIe s.

Appartenant à M. Max Lyon.

581. **Petit plat,** décor de cercles rouges entrecroisés formant à la tangente des oves bleus sur fond d'enroulements linéaires.

Rhodes, XVIe s.

Appartenant à M. Max Lyon.

582. **Plat,** décor de grandes feuilles courbées et fleurs rouges sur fond blanc.

Rhodes, XVIe s.

Appartenant à M. Max Lyon.

583. **Petit plat,** décor de tentes et de bateaux voguant, bleu et manganèse sur fond blanc.

Rhodes, XVIe s.

Appartenant à M. Max Lyon.

584. **Plat** à écailles fond vert, avec médaillons rouges, ornements blancs.
Rhodes, XVIe s.
Appartenant à M. Max Lyon.

585. **Plat** à écailles, fond bleu.
Rhodes, XVIe s.
Appartenant à M. Max Lyon.

586. **Plat** à rosace centrale quadrillée fond rouge, fleurs blanches et vertes.
Rhodes, XVIe s.
Appartenant à M. Max Lyon.

587. **Deux plats**, décor linéaire en noir.
Rhodes, XVIe s.
Appartenant à M. Max Lyon.

588. **Pot** à anse, décor d'œillets et de jasmins rouges et bleus sur fond blanc.
Rhodes, XVIe s.
Appartenant à M. Max Lyon.

589. **Grande vasque**, décorée de fauves, de lévriers, de hérons et de paons, sur fond vert clair.
Rhodes, XVIe s.
Appartenant à M. Boy.

590. **Grande plaque** en faïence, décor de fleurs et de feuilles en émail rouge, vert et bleu.
Asie Mineure, XVIe s.
Appartenant à M. Sivadjian.

591. **Deux carreaux** formant frise, fleurs et raisins blancs et rouges sur fond bleu foncé.
Asie Mineure, XVIe s.
Appartenant à M. Max Lyon.

592. **Panneau** de carreaux de revêtement en faïence.
Asie Mineure, XVIe s.
Appartenant à M. Deligand.

593. **Grande plaque** de revêtement rouge tomate et bordure bleue.
Asie Mineure, XVIe s.
Appartenant à M. Ed. Guérin.

594. **Grand panneau** de carreaux de faïence assemblés, décor de fleurs et de feuilles en rouge, bleu et vert.
Asie Mineure, XVIe s.
Appartenant à M. Kalebjian.

595. **Deux carreaux** formant frise, fond bleu, décor de fleurs blanches et rouges et de feuilles recourbées.
Constantinople, XVIe s.
Appartenant à M. Kelekian.

596. **Un carreau** de bordure, rouge corail.
Asie Mineure, XVIe s.
Appartenant à M. Léonce Mahou.

597. **Brique** d'écoinçon à fond bleu gris, ornements, fleurs et décor géométrique rouge.
Rhodes, XVIe s.
Appartenant à M. Max Lyon.

598. **Etoile** à dispositions ornementales géométriques, bleu, vert et or, entourée d'une inscription.
Rhodes, XVIe s.
Appartenant à M. Max Lyon.

599. **Pot** à anse, fond vert clair.
Décor de rinceaux, réserves blanches, rehauts bleus.
Rhodes, XVIe s.
Appartenant à M. Aynard

600. **Pot** à anse, fond gros bleu, décor de médaillons réservés blanc et bleu clair.
Rhodes, XVIe s.
Appartenant à M. Aynard.

FAIENCES HISPANO-MORESQUES

601. **Plat** creux décoré au centre d'un saint Georges à cheval, tuant de sa lance le dragon, en reflets d'or rompus d'un mince filet blanc réservé, sur fond crémeux pointillé d'or. Le sujet est cerclé de deux larges lignes bleues.
Espagne, Valence, XVe s.
Appartenant à M. Bardac (Sigismond).

602. **Plat**. Cyprès bleus et bandes de caractère schématique.
Espagne, Valence, XVe s.
Appartenant à M. Personnaz.

603. **Paire d'albarellos**, inscriptions bleues au col ; bande alternante et bâtonnets bleus et mordorés.
Hispano-Moresque, XVe s.
Appartenant à M. Personnaz.

604. **Grand plat** décoré au centre d'une grande bande bleue, à inscriptions déformées, cantonnée de quatre clefs bleues, et sur les côtés de deux compartiments à rinceaux bleus. Le fond décoré en reflets d'or sur fond blanc crémeux.
Hispano-Moresque.
Valence, XVe s.
Appartenant à M. Peytel.

605. **Plat**. Biche bleue sur semis de fleurettes ; *Ave Maria* sur le marli.
Hispano-Moresque, XVe s.
Appartenant à M. Personnaz.

606. **Plat**. Au centre, les armes d'Aragon et de Castille, feuillages et entrelacs bleu et mordoré.
Hispano-Moresque, XVe s.
Appartenant à M. Personnaz.

607. **Plat** forme bassin, cinq rosaces en relief, fleurettes bleues.
Hispano-Moresque, XVe s.
Appartenant à M. Personnaz.

608. **Plat** forme bassin, au centre, écusson avec une biche ; fleurettes mordorées.
Hispano-Moresque, XVe s.
Appartenant à M. Personnaz.

609. **Plat**. Au centre, écusson avec un coq ; rosaces bleues et entrelacs mordorés.
Hispano-Moresque, XVe s.
Appartenant à M. Personnaz.

610. **Plat**. Au centre, écusson fleurdelisé, rosaces mordorées dans des rinceaux bleus.
Hispano-Moresque, XVe s.
Appartenant à M. Personnaz.

611. **Plat** bleu ; grenades ouvertes et décor de rinceaux en croix.
Hispano-Moresque. XVe s.
Appartenant à M. Personnaz.

612. **Plat** décoré en reflets d'un faucon dans un écusson, feuilles en bleu au marli.
Hispano-Moresque, XVe s.
Appartenant à M. Stora.

613. **Plat** décoré en reflets d'or sur fond blanc, de bandes entrecroisées alternativement quadrillées ou portant des ornements linéaires, et au centre d'un écusson portant un monogramme surmonté du mot *Amor*. Le marli est limité par une cordelette bleu et or. Au revers, un aigle.
Espagne, Valence, XVe s.
Appartenant à M. Raoul Duseigneur.

614. **Pichet** à panse renflée, anses et goulot ; inscription au col : *in principio erat Verbum*.
Hispano-Moresque.
Appartenant à M. Personnaz.

615. **Quatre assiettes**, ornements foliacés et marli d'entrelacs, fleurs de marguerite et pommes de pin, bandes et ornements.
Faïence Hispano-Moresque, XVe s.
Appartenant à M. Raoul Duseigneur.

616. **Pot** de pharmacie, décor bleu et or.
Valence, Espagne, XVe s.
Appartenant à M. Kelekian.

617. **Paire d'albarellos**, feuillages bleus et mordorés.
Hispano-Moresque, XVe s.
Appartenant à M. Personnaz.

618. **Deux albarellos** à reflets. Décor de fleurettes bleues sur fond crémeux. Armoiries.
Hispano-Moresque, XVe s.
Appartenant à Mme Vve Chabrières-Arlès.

619. **Paire d'albarellos**, fougères et entrelacs, bleues et mordorées. Bande bleue.
Hispano-Moresque.
Appartenant à M. Personnaz.

620. **Pot** à légers renflements modelés au pouce, alternativement blancs et or.
Valence, XVIe s.
Appartenant à M. Bardac (Sigismond).

621. **Vasque** décorée de fleurettes d'or avec rehauts bleus sur fond blanc.
Art Hispano-Moresque, XVe s.
Appartenant à M. le baron Edmond de Rothschild.

622. **Coupe** surbaissée décorée intérieurement de godrons reflets or et cernés de bleu.
Art Hispano-Moresque, XVIe s.
Appartenant à M. Jeuniette.

623. **Plat** fond bleu décoré de rinceaux de fleurs en reflets d'or cuivreux.
Hispano-Moresque.
Manissès, XVIe s.
Appartenant à M. Peytel.

624. **Paire d'albarellos**, fond bleu décor or.
Hispano-Moresque.
Manissès, XVIe s.
Appartenant à M. Personnaz.

625. **Vase** fond bleu clair, ornements linéaires en reflets d'or rouge.
Espagne, Manissès, XVIIe s.
Appartenant à M. Bardac (Sigismond).

626. **Deux panneaux** de carreaux espagnols.
Appartenant à M. Raymond Kœchlin.

627. **Trois panneaux** de carreaux espagnols.
Appartenant à M. Raymond Kœchlin.

627 *bis* **Plats** à décor à reflet, à inscription juive.
Hispano-Moresque, XVe s.
Appartenant à M. Josseau.

628. **Aquamanile** en forme de chien accroupi, en faïence à couverte jaune décorée de trèfles noirs et de fleurs blanches.
Fabrique de Puente del Arzobispo.
Espagne, XVe s.
Appartenant à M. Piet-Lataudrie.

629. **Petit plat** en faïence, décoré d'un lapin jaune sur fond blanc.

Fabrique de Puente del Arzobispo.

Espagne, XVe s.

Appartenant à M. Octave Homberg.

630. **Plat** bleu et manganèse. Lion et rinceaux.

Espagne, Aragon, XVe s.

Appartenant à M. Raymond Kœchlin.

631. **Grand vase**, décor de trois zones d'ornements, de fleurettes violacées et de feuilles vertes, avec écussons et armoiries vert clair, puis des rinceaux blancs sur fond violacé et enfin des rinceaux violacés sur fond bleu.

Espagne, Aragon, XVe s.

Appartenant à M. Boy.

632. **Plat** creux à fond blanc, décor de fleurs violacées et d'une grande fleur stylisée en vert clair.

Espagne, Aragon, XVe s.

Appartenant à M. Boy.

633. **Plat** creux à fond blanc, décor d'entrelacs vert clair et d'écussons à armoiries.

Espagne, Aragon, XVe s.

Appartenant à M. Boy.

634. **Pot** de pharmacie, décoré de bandes verticales, alternativement quadrillées violet et en chevrons noirs sur fond vert.

Espagne, Aragon, XVe s.

Appartenant à M. Boy.

635. **Plat** décoré en vert et jaune d'un médaillon central.

Maroc, XVIIIe s.

Appartenant à M. Arthur Martin.

636. **Plat** en poterie portant en un médaillon central une inscription au nom de Mohammed Selim Chah, Djèhangir, 1605-1627, fils d'Akbar.

Inde, Agram ou Delhi.

XVIIe s.

Appartenant à M. Barré de Lancy.

LES VERRES

637. **Partie de lampe** de forme ovoïde, décorée d'une frise à inscriptions, et de compartiments à damier.

Inscription protocolaire aux noms et titres de Malik Achraf Omar, sultan rassoulide du Yemen (1295-1297).

Syrie, XIIIe s., fin.

Appartenant à Mme Delort de Gléon.

638. **Flacon** à panse ronde aplatie, portant au centre de chaque face dans un écusson un aigle les ailes éployées, émail rouge.

Sur chaque face, double inscription en caractères arrondis protocolaire et anonyme, aux titres des sultans Mamlouks.

Syrie, XIIIe-XIVe s.

Appartenant à M. Peytel.

639. **Godet** de lampe émaillé de personnages assis, et d'une frise supérieure d'inscription protocolaire anonyme aux titres d'un sultan, interrompue par deux blasons.

Irisations.

Trouvé dans un tombeau de Syrie ?

Syrie, XIIIe ou début XIVe s.

Appartenant à M. Ch. Gillot.

640. **Godet** de lampe de mosquée, décoré d'une frise supérieure d'inscription dorée sur fond d'émail bleu.

Inscription anonyme protocolaire aux titres d'un sultan Mamlouk.

Syrie, XIIIe-XIVe s.

Appartenant à M. Ch. Gillot.

641. **Flacon** à long col décoré sur l'épaule d'une cigogne les ailes éployées, émaillée bleu, irisé.

Syrie, XIIIe-XIVe s.

Appartenant à M. Kelekian.

642. **Flacon** à long col décoré de virgules au trait d'émail rouge, irisé.

Syrie, XIIIe-XIVe s.

Appartenant à M. Kelekian.

643. **Petit flacon** décoré sur le côté d'un écusson portant une coupe émaillée rouge, irisé.

Syrie, XIIIe-XIVe s.

Appartenant à M. Kelekian.

644. **Godet** décoré de virgules au trait d'émail rouge, portant un bandeau central d'une inscription effacée, irisée.

Syrie, XIIIe-XIVe s.

Appartenant à M. Kelekian.

645. **Flacon** en verre irisé avec un long col.

Syrie, XIIIe-XIVe s.

Appartenant à M. Sivadjian.

646. **Petit flacon** arabe en verre opaque.

Syrie, XIVe s.

Appartenant à M. Mutiaux.

647. **Bouteille** en verre verdâtre, à panse renflée, décorée de grands médaillons émaillés de personnages musiciens de types mongols.

Pièce peut-être fabriquée pour la Chine.

Syrie, XIIIe-XIVe s.

Appartenant à M. Bardac (Sigismond).

648. **Lampe** de mosquée, décorée sur la panse de grandes inscriptions d'émail bleu.

Inscription aux titres et noms de Nadjm ad-dîn Mahmoud, gouverneur de province sous le sultan Mamlouk Malik Muzaffar... (probablement Hadji, 1346).

Syrie, XIVe s.

Appartenant à M. le baron Gustave de Rothschild.

649. **Lampe** de mosquée, décorée d'ornements en entrelacs émaillés rouges et bleus, le col est orné d'inscriptions émaillées bleues, interrompues par des médaillons avec des bandes de petites inscriptions émaillées en rouge.

Dans les petits médaillons, inscriptions anonymes protocolaires aux titres d'un sultan Mamlouk.

Syrie, fin du XIVe s.

Appartenant à M. le baron Gustave de Rothschild.

650. **Bouteille** à panse renflée, décorée d'inscriptions d'émail bleu interrompues par des médaillons de roses à cinq pétales ; le long col orné de frises de rinceaux bleus et de fleurs de lis rouges.

Inscription anonyme protocolaire aux titres d'un sultan Mamlouk.

Syrie, XIVe s.

Appartenant à M. le baron Gustave de Rothschild.

651. **Petite bouteille** décorée sur la panse d'animaux se poursuivant, d'émail rouge.

Syrie, XIVe s.

Appartenant à M. le baron ~~Gustave~~ de Rothschild.

652. **Grande lampe** de mosquée en verre émaillé, pied refait.

Inscription protocolaire aux noms et titres de l'émir Sirgatmich (provenant de sa Medresseh au Caire).

Syrie, milieu du XIVe s.

Ancienne Con Schefer.

Appartenant à M. Stora.

653. **Petite lampe** de mosquée, décor de deux frises d'inscriptions en émail, l'une sur la panse, l'autre sur le col.

Syrie, XIVe s.

Appartenant à M. Antoine Brimo.

654. **Lampe** de mosquée avec des médaillons ronds émaillés d'inscriptions à caractères déformés et d'armoiries.

Egypte, XIVe-XVe s.

Appartenant à M. Ch. Gillot.

655. **Deux bassins** en verre émaillé au nom du sultan d'Egypte el Moyyaed.

Syrie, ct du XVe s.

Appartenant à M. le marquis de Vogüé.

656. **Gobelet** de verre, décor de fleurs en émail.

Syrie, XVe s.

Appartenant à M. Kelekian.

657. **Grand gobelet** décoré de festons émaillés surmontés d'une frise à haute *inscription* émaillée bleue.

Inscription coranique.

Egypte, XVe s.

Appartenant à Mme Delort de Gléon.

658. **Gobelet** côtelé, décoré d'imbrications dorées et ponctué de points d'émail.

Venise, XVe s.

Appartenant à M. Ch. Gillot.

659. **Deux portes-fenêtres** en plâtre ajouré, et décorées de vitraux.

Art du Caire, XVIIe s.

Appartenant à M. Henry Dallemagne.

660. **Coupe** en verre bleu, décor de fleurs en or.

Perse, XVIIe s.

Appartenant à M. Sivadjian.

TAPIS

661. **Petit tapis** de laine à fond vert, décoré au centre d'un vase garni de fleurs ; bordure d'inscriptions.
Perse, XIVe s.
Appartenant à M. Kelekian.

662. **Petit tapis** de laine à fond rouge, décor de rubans en zigzags en argent et de rinceaux de fleurs bleues et rouges sous un arc brisé. Bordure d'entrelacs avec quatre rosaces d'argent portant des sceaux carrés de califes à caractères coufiques.
Perse, XIVe s.
Appartenant à M. Kelekian.

663. **Petit tapis** fond rouge avec décor d'animaux.
Perse, XVe s.
Appartenant à M. Peytel.

664. **Tapis** fond rouge avec un grand médaillon central de ton vert, décoré de cavaliers, de personnages et d'animaux.
Perse, XVIe s.
Appartenant à Mme la comtesse de Béarn.

665. **Petit tapis** fond rouge décoré de flammes chinoises, bordure de rinceaux à fond jaune.
Perse, XVIe s.
Appartenant à Mme la comtesse de Béarn.

666. **Tapis** à fond d'argent, décoré de grosses fleurs en rinceaux rouges, bleues et jaunes.
Bordure à fond grenat décorée de cartouches sur fond argent et de rubans dans le style chinois.
Perse, XVIe s.
Appartenant à Mme la baronne Adolphe de Rothschild.

667. **Tapis** fond bleu foncé décoré de rinceaux bleu clair et

de fleurs rouges au milieu desquels passent quatre lions. Grande rosace centrale à fond rouge avec ornements verts. — Bordure à fond rouge, ornements noirs. *Inscription.*

Perse, XVIe s.

Appartenant à M. le baron Edmond de Rothschild.

668. **Tapis** fond vert décoré de tigres dévorant des gazelles, de lions jaunes clairs et bruns. Au centre, une rosace à fond rouge porte des ornements en fils d'argent, une large bordure à fond noir porte des inscriptions en fils d'argent, entre deux étroites bandes à fond crème décoré de rubans ondoyants.

Perse, XVIe s.

Appartenant à M. le baron Edmond de Rothschild.

669. **Petit tapis** de velours de soie fond amarante foncé. Décor de grandes fleurs stylisées.

Perse, XVIe s.

Appartenant à M. Aynard.

670. **Tapis** de velours de soie fond amarante, décor de combats d'animaux et de fleurs. Bordure fond vert, décor de dragons accolés.

Influence mongole.

Perse, XVIe s.

Appartenant à M. Aynard.

671. **Moitié** d'un grand tapis décoré de cyprès et d'animaux sur fond jaune.

Perse, XVIe s.

Appartenant à M. Jules Maciet.

672. **Fragment** d'un grand tapis à décoration de cyprès enguirlandés de fleurs, et de cavaliers chassant le fauve et l'antilope, fond rouge.

Perse, XVIe s.

Appartenant à M. Jules Maciet.

673. **Tapis** à fond rouge décoré de combats d'animaux noirs et jaunes.

Perse, XVIe s.

Appartenant à M. Sarre.

674. **Tapis** décoré d'éléphants montés se combattant.

Perse, XVe-XVIe s.

Appartenant à M. Sarre.

675. **Tapis** de prière en soie, fond rouge, décoré de fleurs et de palmettes, au-dessous d'un arc brisé. Bordure fond bleu, décor d'arabesques.
Perse, XVIe s.
Appartenant à M. J.-L. GÉRÔME.

676. **Tapis** à fond bleu, décoré de rinceaux jaunes.
Perse, XVIe s.
Appartenant à M. ALEXANDRE RIBOT.

677. **Tapis** tissé en soie, décoré en un médaillon central d'une femme chevauchant un cheval rouge et ailleurs de personnages assis ou conversant, et d'animaux.
Perse, XVIe s.
Appartenant à M. DOISTAU.

678. **Grand tapis** décoré de grands ornements floraux, fond rose, et d'une large bordure de tiges entrecroisées fond bleu.
Perse, XVIe s.
Appartenant à M. DOISTAU.

679. **Grand tapis** fond rouge, bordure bleue à décor de palmes et de fleurs en grappes.
Perse, XVIe s.
Appartenant à M. L. DALSÈME ET FILS.

680. **Petit fragment** d'un tapis figurant une palme lisérée de blanc sur fond rouge cramoisi.
Perse, XVIe s.
Appartenant à M. ARTHUR MARTIN.

681. **Petit fragment** d'un tapis fond rouge avec bordure fond blanc à décor géométrique.
Perse, XVe-XVIe s.
Appartenant à M. ARTHUR MARTIN.

682. **Fragment** de tapis fond rouge avec bordure fond vert décoré de palmes.
Perse, XVIe s.
Appartenant à M. ARTHUR MARTIN.

683. **Fragment** de tapis à contrefond orange et noir, bordure à lambrequins.
Perse, XVIe s.
Appartenant à M. ARTHUR MARTIN.

684. **Petit tapis.**
Perse, XVIe s.
Appartenant à M. Gaston Duval.

685. **Fragment** de tapis, fond rouge à rinceaux jaunes et à bordure fond bleu avec fleurs et cyprès.
Perse, XVIe s.
Appartenant à M. Marcel Thévenin.

686. **Petit tapis** de soie décoré de feuilles et de fleurs sur fond vieux rose, à médaillons de personnages et d'animaux. Bordure verte à palmettes avec oiseaux.
Ancienne collection Lelong.
Perse, XVe s.
Appartenant à M. Madjar.

687. **Tapis.**
Perse, XVIe s.
Appartenant à M. René de Saint-Marceaux

688. **Tapis** à fond rouge décoré de fleurs et d'oiseaux.
Perse, XVIIe s.
Appartenant à M. Stora.

689. **Petit tapis** à fond rouge, décor de médaillons bleus symétriques. Bordure bleue à ornements.
Espagne, XVe s.
Appartenant à M. Stora.

690. **Tapis** décoré au centre d'un compartiment dans lequel un personnage tire à l'arc des cerfs et des oiseaux.
Asie Mineure, XVIIe s.
Appartenant à M. S. Goldschmidt.

691. **Tapis** à fond bleu décoré d'un arbre à branches retombantes.
XVIIe s.
Appartenant à M. S. Goldschmidt.

692. **Grand tapis** à grandes palmes, lamé d'or et d'argent, fond cramoisi.
XVIIe s.
Appartenant à M. Léon Duc.

692 *bis*. **Tapis** de prière en soie, fond rouge, décor de fleurettes et de tournesols, bordure bleue.
Perse, fin XVe, (époque de Schah Thamasp).

Fragment de bordure de tapis à fond d'or et d'argent, décor de lambrequins et de tulipes stylisées.
Perse, XVIe s.

Petit tapis fond blanc à décor polychrome de rinceaux et de fleurettes.
Bordure jaune à décor de palmes.
Perse, comm^t du XVIIIe s.

Tapis fond blanc, décor de médaillons bleus et rouges. Bordure rouge à palmes jaunes.
Perse, XVIIIe s. Ateliers de Djochegan.
Appartenant à M. Béla de Rakovszky.

693. **Tapis** fond rouge décoré de fleurs stylisées symétriquement semées. Bordure bleue ; ornements en rouge.
Arménie, XVIIe-XVIIIe s.
Appartenant à M. Martin le Roy.

694. **Petit tapis**, décor de lampes de mosquée suspendues, à frise de personnages.
Arménie, XVIIIe s.
Appartenant à M. Sivadjian.

695. **Petit tapis**, fond crème, décor bleu et rouge.
Yordès, XVIe s.
Appartenant à M. Thévenin.

696 **Petit tapis** de prière avec arc brisé, fond pistache uni. Décor de fleurs dans les écoinçons. Bordure à décor géométrique.
Yordès, XVIe s.
Appartenant à M. Kelekian.

697. **Petit tapis** de prière décoré d'un arc d'architecture sur colonnettes fond bleu. Bordure ton crème décorée d'ornements floraux.
Yordès, XVIe s.
Appartenant à M. Madjar.

698. **Tapis.**
Pologne, XVIe s.
Appartenant à M. Bacri.

699. **Petit tapis** tissé à la façon des Gobelins, fond argent

et or, décor d'une rosace centrale avec des œillets, et bordure de même décor.

Pologne, comm^t^ du XVIIe s.

Appartenant à M. Antoine Brimo.

700. **Tapis** fond d'or à décor de fleurs.

Pologne, XVIe s.

Appartenant à M. Madjar.

701. **Petit tapis** fond or, décor de fleurs en rinceaux et d'ornements géométriques. Tonalité vert clair et jaune.

Pologne, XVIIe s.

Appartenant à M. Seligman.

701 *bis*. **Tapis** à petites dispositions.

Arménie, comm^t^ du XIXe s.

Appartenant à M. Thévenin.

LES TISSUS

TISSUS DE SOIE

SYRIE, PERSE, BROUSSE, ESPAGNE

702. **Soie** décorée de roues tangentes renfermant deux oiseaux affrontés, les têtes et les pattes tissées d'or.
Art arabe d'Asie, XIIIe-XIVe s.
Appartenant à Mme LA COMTESSE DE BÉARN.

703. **Soie** cerise décorée de barques pavoisées, flanquées de deux canards et de bachots portant deux personnages.
Art arabe de Bagdad, XIIIe-XIVe s.
Appartenant à Mme LA COMTESSE DE BÉARN.

704. **Soie** maïs décorée de médaillons tissés en soie verte, de deux antilopes affrontées et d'aigles avec des roues aux épaules.
Art arabe, XIVe s.
Appartenant à Mme LA COMTESSE DE BÉARN.

705. **Soie** rouge, décor géométrique vert et or.
Bagdad, XIVe s.
Appartenant à M. KELEKIAN.

706. **Tapis** de satin broché d'or fond gros bleu. Décor de fleurs partant d'un vase, qu'une mutilation de la pièce a fait disparaître. Bordure au point lamé d'or, à entrelacs.
Bagdad, XVe s.
Appartenant à M. AYNARD.

707. **Grande pièce** tissée de soie décorée par dispositions horizontales de Persans menant des chameaux chargés de palanquins, de lions attaquant des cerfs, d'un personnage nu, maigre et desséché, qui semble charmer une biche (sujet du conte du poète Maynoun).
Perse, XVe s.
Appartenant à M. PEYTEL.

708. **Soie** décorée de cavaliers portant un enfant en croupe et tirant derrière eux des prisonniers tartares enchaînés.
Perse, XVe s.
Appartenant à M. Kelekian.

709. **Bande de soie** fond rouge, décorée d'un soldat persan tenant une prisonnière enchaînée au milieu d'arbres en fleurs.
Perse, XVe s.
Appartenant à M. Schutz.

710. **Etoffe** de soie fond rouge. Décor de cavalier persan portant un enfant en croupe et conduisant enchaîné derrière lui un prisonnier mongol, au milieu d'arbres où des oiseaux de Fong-Hoang sont perchés.
Perse, XVe s.
Appartenant à M. Stanislas Baron.

711. **Soie** bleu pâle, personnages et fleurs jaunes.
Perse, XVIe s.
Appartenant à M. Kelekian.

712. **Grande soie** rouge, décorée de disques ponctués d'or et nuages d'or.
Scutari, XVe s.
Appartenant à M. Kelekian.

713. **Soie**, décor de roues dentelées rouges sur fond d'or.
Scutari, XVe s
Appartenant à M. Kelekian.

714. **Soie** grise, décor de compartiments fleuris blancs et roses.
Scutari, XVe s.
Appartenant à M. Kelekian.

715. **Brocart** décoré de palmes or sur fond rouge, rubans bleus.
Brousse, XVIe s.
Appartenant à M. Kelekian.

716. **Brocart** à ovales fond or, bordé de rouge, bouquets de fleurs.
Brousse, XVIe s.
Appartenant à M. Kelekian.

717. **Brocart** à ovales fond or, bordé de rouge, décor de rubans bleus.
Brousse, XVIe s.
Appartenant à M. Kelekian.

718. **Tissu** à bandes chevronnées vertes, lisérées en rouge avec inscription.
Asie Mineure, XVIe s.
Appartenant à M. de Saint-Maurice.

719. **Bande** de soie fond rouge, décor d'inscriptions blanches en chevrons.
Asie Mineure, XVIe s.
Appartenant à M. Piet-Lataudrie.

720. **Deux morceaux** de soie, décorés d'inscriptions en chevrons, l'un de ton cerise, l'autre de ton vert.
Asie Mineure, XVIe s.
Appartenant à M. Octave Homberg.

721. **Bande** de soie fond rouge, décor de fleurs dans des médaillons fond or.
Asie Mineure, XVIe s.
Appartenant à M Piet-Lataudrie.

722. **Bande** de soie fond rouge, décor de grandes rosaces et de croissants.
Asie Mineure, XVIe s.
Appartenant à M. Piet-Lataudrie

723. **Bande** de soie fond or, médaillons rouges, décor de fleurs.
Asie Mineure, XVIe s.
Appartenant à M. Piet-Lataudrie.

724. **Petit tapis** rouge, brodé or, grenades et œillets.
Turquie, XVIIIe s.
Appartenant à M. Léon Dru.

725. **Petit tapis** fond rouge, à rosaces centrales et palmes.
Scutari, XVIIIe s.
Appartenant à M. Léon Dru.

726. **Ceinture** à franges en soie tissée fond polychrome.
Turquie d'Europe.
Appartenant à M. Arthur Martin.

727. **Etoffe** tissée de soie d'or, décor central d'un grand médaillon avec fleurs d'où partent des feuilles en volute. Bordure de fleurs sur fond bleu pâle.
XVIIe s.
Appartenant à M. Stora.

728. **Soie** rouge décorée de languettes tissées en or. Bordure d'une inscription bleue ou brune sur fond d'or.
Appartenant à M. Vitali-Fransès.

729. **Soie** à fond violet, décor de palmettes blanches ponctuées de rouge ; de bêtes et de fleurs.
Inde, XVIe s.
Appartenant à M. Piet-Lataudrie.

730. **Châle** de soie, décoré d'une grande rosace centrale subdivisée en médaillons décorés de groupes de personnages. Bordure de même décoration.
Cachemire, XVIIe s.
Appartenant à M. Raymond Kœchlin.

731. **Soie** décorée de grandes grenades ouvertes, jaunes et vertes sur fond rouge.
Perse, XIVe s.
Appartenant à M. Kelekian.

732. **Soie** verte, décor de rosaces fond or.
Perse, XVe s.
Appartenant à M. Kelekian.

733. **Soie** rouge, grands bouquets d'or.
Perse, XVe s.
Appartenant à M. Kelekian.

734. **Soie** rouge, décor de rosaces fleuries en fil d'or.
Perse, XVe s.
Appartenant à M. Kelekian.

735. **Soie** brune, fleurs en or.
Perse, XVe s.
Appartenant à M. Kelekian.

736. **Petit tapis**, décor de fleurs en rinceaux rouges sur fond bleu.
Perse, XVe s.
Appartenant à M. Kelekian.

737. **Brocart**, décor de grands ovales, décor de fleurs rouges et bleues.
Perse, XVIe s.
Appartenant à M. Kelekian.

738. **Soie** fond rouge, décor de médaillons blanc crème, fleuris d'œillets d'or.
Perse, XVIe s.
Appartenant à M. Kelekian.

739. **Soie** décorée de médaillons ovales où zigzaguent des rubans bleus sur fond d'or. Le fond bleu est décoré d'œillets, de tulipes, de jasmins blancs et jaunes.
Perse, XVIe s.
Appartenant à M. Kelekian.

740. **Tissu** de soie rouge, décoré de perroquets affrontés et de bouquets de fleurs.
Perse, XVIe s.
Appartenant à Mme Delort de Gléon.

741. **Tissu** de soie décoré au broché de rochers avec branches fleuries, et de vases avec des fleurs, fond bis.
Perse, XVIe s.
Appartenant à Mme Delort de Gléon.

742. **Soie** brochée à fleurs.
Perse.
Appartenant à M. Raymond Kœchlin.

743. **Grande bande** fond vert à entrelacs dessinés en jaune.
Perse, XVIe s.
Appartenant à M. Arthur Martin.

744. **Soie** rouge, décor de grandes tiges de tulipes.
Perse, XVIIe s.
Appartenant à M. Kelekian.

745. **Petit tapis** tissé d'or, à fleurettes.
Perse, XVIIe s.
Appartenant à M. Léon Dru.

746. **Petit tapis** bleu brodé de palmes, à bordure rouge.
Perse, XVIIIe s.
Appartenant à M. Léon Dru.

747. **Tapis** en toile verte brodée au point de chaînette d'un décor de vase fleuri posé sous une arcature.
Travail indo-persan, XVIIe s.
Appartenant à M. Arthur Martin.

748. **Deux filets** à broderies de fleurs.
XVIIe-XVIIIe s.
Appartenant à M. Stora.

749. **Quatre bourses** en filets, tissés d'or.
Appartenant à M. Léon Dru.

750. **Chemise** en toile brodée de médaillons et de fleurons polychromes soie et or.
Turquie, XVIIIe s.
Appartenant à M. Arthur Martin.

751. **Grand panneau** en drap gris brodé d'arabesques figurant un portique avec vases fleuris de roses et de fleurs variées.
Turquie, XVIIIe s.
Appartenant à M. Arthur Martin.

752. **Broderie** en argent sur fond de soie bleue figurant des rosaces dans des entrelacs.
Turquie, XVIIIe s.
Appartenant à M. Arthur Martin.

753. **Broderie** sur satin jaune à décor de roses et de feuillages découpés polychromes.
Turquie, XVIIIe s.
Appartenant à M. Arthur Martin.

754. **Broderie** sur carte rouge à décor de fleurs ornementales en soie polychrome et or formant des médaillons.
Turquie, XVIIIe s.
Appartenant à M. Arthur Martin.

755. **Bande** de soie, inscription brodée or sur fond noir.
Espagne, XIVe s.
Appartenant à M. Octave Homberg.

756. **Etoffe** de soie fond rouge, décor régulier d'ornements et de fleurs blanches, jaunes et vertes.
Espagne, XIVe s.
Appartenant à M. Stanislas Baron.

757. **Ceinture** de soie, fond rouge, décor par zones d'entrelacs et de rosaces tissés en fils d'or ; à chaque bout, une rangée d'oiseaux affrontés.

Espagne, XIVe s.

Appartenant à M. SCHUTZ.

758. **Etoffe** décorée de rinceaux et de fleurs.

Espagne, XVe s.

Appartenant à M. MUTIAUX.

759. **Grand étendard** de soie verte, décoré d'une grande inscription rouge sur fond d'or, et de médaillons d'or sur fond rouge et blanc. Au centre, une grande épée à double tranchant, tissée d'or.

Espagne, XVe s.

Appartenant à M. SCHUTZ.

760. **Grand étendard** de soie verte tissée d'or, avec une grande inscription à la partie supérieure, décors géométriques et médaillons en semis — au centre, une grande épée à deux lames.

Espagne, XVIe s.

Appartenant à M. SIVADJIAN.

761. **Grand drapeau** circulaire, fond rouge, médaillons en or, bordure verte.

XVe-XVIe s.

Appartenant à M. KELEKIAN.

762. **Etendard** en soie rouge et verte avec inscriptions.

Turquie, XVIIIe s.

Appartenant à M. LÉON DRU.

763. **Etendard** en soie avec sa hampe en bois peint en noir et rouge ornée de filets de la même couleur, équarrie à la base et terminée à son extrémité d'une garniture en fil de laiton.

Appartenant à M. LÉON DRU.

764. **Deux étendards** en soie, l'un fond vert, l'autre fond jaune, décorés de médaillons à inscriptions.

Syrie, XVIe s.

Appartenant à Mme LA COMTESSE DE BÉARN.

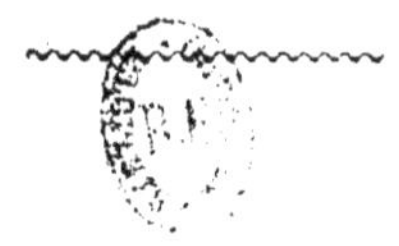

VELOURS

765. **Pièce** de velours d'un rouge violacé, décor de grandes fleurs stylisées en or.
Asie Mineure, XIVe s.
Appartenant à M. Boy.

766. **Pièce** de velours d'un rouge violacé, décor de grandes fleurs rouges et or.
Asie Mineure, XIVe s.
Appartenant à M. Boy.

767. **Velours** fond vert, décor de fleurs et rinceaux rouges.
Scutari, XIVe s.
Appartenant à M. Kelekian.

768. **Velours** rouge décoré de grands médaillons jaunes.
Asie Mineure, XIVe s.
Appartenant à M. Kelekian.

769. **Velours** à grands médaillons ronds avec des tiges de tulipes, et des croissants rouges sur fond or.
Scutari.
Appartenant à M. Bacri.

770. **Velours** à grand compartiment central avec un fleuron bordure. Compartiments à inscriptions.
Scutari.
Appartenant à M. Bacri.

771. **Velours** rouge, décor de médaillons et fleurs en velours vert.
Scutari, XVe s.
Appartenant à M. Kelekian.

772. **Velours** à fond violet, décor rouge et or.
Scutari, XVe s.
Appartenant à M. Kelekian.

773. **Velours** décoré de rosaces fleuries.
Scutari, XVe s.
Appartenant à M. Kelekian.

774. **Velours** rouge décoré de grands cercles blancs chargés de roues rouges et or.
Scutari, XVe s.
Appartenant à M. Kelekian.

775. **Velours** rouge, décor de grands fleurons en or.
Scutari, XVe s.
Appartenant à M. Kelekian.

776. **Velours**, grandes fleurs or sur fond rouge.
Scutari, XVe s.
Appartenant à M. Kelekian.

777. **Velours**, rosaces dentelées argent clair sur fond rouge.
Scutari, XVe s.
Appartenant à M. Kelekian.

778. **Fragment** d'un petit tapis à compartiments, décorés chacun d'une plante à cinq tiges.
Scutari.
Appartenant à M. Vitali-Fransès.

779. **Petit tapis** de velours à rosace centrale cantonnée de quatre branches de jasmins or sur fond rouge.
Scutari.
Appartenant à M. Vitali-Fransès.

780. **Velours** fond rouge, rosaces rayonnantes fond or.
Scutari, XVIe s.
Appartenant à M. Kelekian.

781. **Grande bande** de velours décoré d'œillets roses et bleus stylisés sur fond blanc.
Scutari, XVIIe s.
Appartenant à M. Vitali-Fransès.

782. **Tapis** velours cramoisi, tissé d'argent.
Scutari, XVIIIe s.
Appartenant à M. Léon Dru.

783. **Demi-tapis** à deux bandes en velours. Décor géométrique vert et rouge.
Perse, XIV-XVe s.
Appartenant à M. Bacri.

784. **Velours** fond rouge, à compartiments fond or, décor de fleurs en argent.
Perse, XVe s.
Appartenant à M. Kelekian.

785 **Velours** de soie décorée sur fond de fil de personnages tenant des oiseaux et d'arbres en relief de velours.
Perse, XVe s.
Appartenant à M. Indjoudjian.

786. **Velours** décoré de bandes horizontales de personnages agenouillés alternant avec une frise de cyprès.
Perse, XVIIe s.
Appartenant à M. Ch. Gillot.

787. **Velours** coupé décoré d'un semis de bouquets de fleurs et de papillons en relief.
Perse, XVIIe s.
Appartenant à M. Kelekian.

788. **Chape** en velours coupé fond rouge, décor de grands rinceaux.
Venise, XVe s., décor oriental.
Appartenant à M. Bacri.

789. **Velours** fond rouge, décoré de grands médaillons bleu clair sur lesquels passent de grands ornements d'or.
Venise, XVe s.
Appartenant à M. Boy.

790. **Velours** rouge, décor de grandes fleurs d'or sur de longues tiges.
Venise, XVe s.
Appartenant à M Boy.

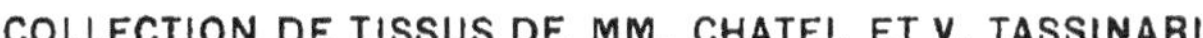

COLLECTION DE TISSUS DE MM. CHATEL ET V. TASSINARI.

791. **Fragment** d'un tissu fond bleu à lions et oiseaux affrontés et coupés par des inscriptions en caractères coufiques tissés or.
Siculo-arabe, XIIe s.

792. **Brocart** à dessins géométriques or, rouge, vert et bleu.
XIIIe s.

793. **Fragment** de velours à palmes, fleurs et oiseaux, fond satin or, rouge et bleu.
Perse, XIIIe s.

794. **Etoffe** à lions affrontés et arabesques fond vert et diverses couleurs.
Espagne, XIVe s.

795. **Fragment** à fleurs et quadrilobes fond or, rouge, jaune et bleu et rose.
Perse, XIVe s.

796. **Velours** rouge et bleu, fond satin ivoire à étoiles d'or.
Perse, XVe s.

797. **Velours** fond rouge, à tulipes jaune or.
Perse, XVe s.

798. **Fragment** de velours rouge, ivoire et bleu, décoré à rinceaux et compartiments ogivaux.
Perse, XVe s.

799. **Velours** fond tabac, rouge, vert et bleu, décoré à grandes palmes et pommes de pin.
Asie Mineure, XVe s.

800. **Velours** fond rouge broché or et soie de couleurs diverses.

801. **Tapis** brocart or et couleurs avec bordure vert foncé, broderie piquée à dessins orientaux.
XVIe s.

802. **Gilet**. Tissu de Cachemire à la main.
XVIe s.

803. **Velours** rouge à palmes tissées d'or et branchage d'argent.
Perse, XVIe s.

804. **Velours** oriental à grandes rosaces tissées d'or et feuillages tissés d'argent.
XVIe s.

805. **Lampas** oriental fond satin rouge à arabesques or et soie.

806. **Petit tapis** velours soie à dessins d'œillets, à fond d'or.
Perse, XVIIe **s.**

807. **Bande de velours** multicolore à fleurs et rinceaux fond or.
Perse, XVIIe **s.**

808. **Tissu** à palmes, rouge et bleu sur fond maïs.
Perse, XVIIe **s.**

809. **Velours** fond or, décoré de fleurs de liserons, de tulipes et d'anémones.
Perse.

810. **Lampas** fond rouge à grandes palmes d'argent et fleurettes de jacinthe.
Perse.

811. **Deux lés** d'étoffe orientale fond vert à fleurettes dans des compartiments ogivaux.

812. **Fragment de tissu** à fond brique, taffetas à fleurettes semées et oiseaux coloriés.
Perse.

813. **Tissu** léger à palmes et animaux en fond bleu, or et rouge.
Perse.

814. **Brocart** à compartiments fond rouge et or et couleurs diverses.
Perse.

815. **Tissu**, fond or et argent, à figures de cavaliers et animaux brochés soie.
Inde.

LIVRES MANUSCRITS

816. **Coran**, les caractères du texte écrits dans des nuages figurés, et les marges ornées de grands rinceaux de fleurs en or.

Écrit par Yakout-Elmustasami, célèbre calligraphe persan, en l'année 681 de l'hégire (1280).

Perse, fin XIIIe s.

Appartenant à M. Peytel.

817. **Manuscrit** décoré de 5 miniatures à personnages et d'un frontispice avec titre.

Mihr ou Mouchteri par Mohammed Aççar de Tebriz.

Composé en 778 hégire (1376).

Copie de Mir-Alikahib.

Perse, XIVe s.

Appartenant à M. Henry Vever.

818. **Petit manuscrit**, décoré de miniatures à personnages.

Kramsé Nizami, copie achevée en Djoumada 970 (janvier 1563).

Nizami (597 hégire 1200).

Perse, XVIe s.

Appartenant à M. Henry Vever.

819. **Grand Coran**, décor d'ornements et de rosaces d'or centrales avec inscriptions. Au dernier feuillet, les noms et titres du sultan Ahmed Khan, fils de Mohammed, donnant ce Coran en waqouf à une mosquée de Constantinople.

Egypte, XVe s.

Appartenenent à M. Kelekian.

820. **Manuscrit** décoré de miniatures à personnages.

Diwan ou Recueil des poésies de Hâfiz.

Copie faite par Mohammed ben Qiwâm eddin de Chiraz, connu sous le surnom de Hammâni, en 905 de l'hégire.

Perse fin du XVe s.

Appartenant à M. JOIN-LAMBERT (A.).

821. **Grand manuscrit**, décoré de miniatures à personnages.

Makhzen ul esrar.

Copie faite par sultan Mohammed Nar el Katib en 921 de l'hégire (1516).

A Bokkara, XVIe s.

Appartenant à M. HENRY VEVER.

822. **Manuscrit**, le Kamsi de Nizami, enrichi de miniatures.

Perse, XVIe s.

Appartenant à M. OCTAVE HOMBERG.

822 *bis*. **Manuscrit**, le Bustân de Sâdi, enrichi de miniatures.

Perse, XVIe s.

Appartenant à M. OCTAVE HOMBERG.

823. **Manuscrit**, le Sehah Nameh, ou Histoire des Rois. 258 miniatures.

Poème persan de Firdouzy, composé vers l'an 1000 de l'ère par l'ordre du Sultan Mahmoud le Saznévide.

Ecrit en l'année 944 de l'hégire (1566) par le scribe et artiste Kacem Esriri, et offert au Sultan de Perse Thamasp, Ier de la dynastie des Sofis à Ispahan (1524-1574), en même temps qu'Akbar régnait sur les Mongols à Delhi.

Perse, XVIe s.

Appartenant à M. LE BARON EDMOND DE ROTHSCHILD.

824. **Manuscrit** du poème *Si Fat el Achi*, du poète persan *Bedreddin Hilali*.

Perse, daté 1568.

Appartenant à M. OCTAVE HOMBERG.

825. **Manuscrit** relié en cuir brun, médaillon central à animaux (décor en relief).

Histoire rimée d'Ismaïl Bahadam Hais : commençant par le récit de la mort de Tamerlan.

Fin Chaban 983 de l'hégire :

Perse, novembre 1575.

Appartenant à M. ALEXIS ROUART.

826. **Manuscrit** persan, *le Shah et le Derviche.*
Copié en 953 de l'hégire (1575) par Châh Mahmoud de Nichapour.
Perse, XVIe s.
Appartenant à M. Léon Dru.

827. **Grand manuscrit** à miniatures.
Adjaib el-Makhloriqût (Merveilles des créatures), par Ali ben Mohammed de Toûs.
Copié par l'ordre et pour la bibliothèque de Chah Ismaïl II, souverain séfévide de Perse.
985 de l'hégire (1577).
Perse, XVIe s.
Appartenant à M. Sivadjian.

828. **Recueil** de poésies illustré de 15 miniatures encadrées dans des marges ornées de feuillages dorés.
Perse, XVIe s.
Appartenant à M. Henry Vever.

829. **Grand manuscrit** à miniatures, Khamset Nezami.
Perse, XVIe s.
Appartenant à M. Stora.

830. **Livre** manuscrit avec quatre miniatures entourées de marges, décoré de bêtes aquarellées en or.
Perse, XVIe s.
Appartenant à M. Henry Dallemagne.

831. **Petit manuscrit** à miniatures, Diwan ou Recueil des poésies de Hâfiz.
Perse, XVIe s.
Appartenant à M. Sivadjian.

832. **Manuscrit** persan, l'Extase (Polo). Copié à Kazwin en 981 de l'hégire par Mohammed Housséïn-el-Housséïn.
Perse, fin XVIe s.
Appartenant à M. Léon Dru.

833. **Grand Coran** décoré de miniatures à décor linéaire et polygonal sur fond or.
Une inscription donne le nom du calligraphe Abdallah Caïrafi le 2e, qui termina son œuvre en Ramazan 1002 de l'hégire, avril 1594.
Le Caire, fin XVIe s.
Appartenant à M. Jeuniette.

834. **Manuscrit** à miniatures Hadiqat us Suèda, le Jardin des bienheureux. — Histoire de la famille du Prophète en *langue turque.*

Par Fuzouli de Bagdad. Copié à Bagdad en 1004 de l'hégire (1595).

Bagdad, fin XVIe s.

Appartenant à M. SIVADJIAN.

835. **Coran**. Fragment de Sourates du Coran suivis de versets détachés et de prières, avec titres en *turc*, et prières en *turc*.

Ecrit et enluminé en Turquie.

Appartenant à M. HENRY VEVER.

836. **Petit Evangile** en caractères arabes, décoré d'enluminures à dispositions géométriques sur fond d'or, suivies de quatre miniatures représentant les figures des 4 Evangélistes.

Ancienne collection Spitzer.

Appartenant à M. ALFRED ANDRÉ.

836 *bis*. **Page de Coran** décor bleu sur fond or.

Egypte XIV s^e^.

Appartenant à M. BEURDELEY.

MINIATURES

PERSANES

837. **Personnage** agenouillé, coiffé d'un bonnet de fourrure, remet sa jambière
Dessin au crayon.
Perse, XVe s.
Appartenant à M. S. Bing.

838. **Personnage** debout de profil, coiffé d'un turban, les mains croisées devant lui, un sabre au côté.
Ali Qouly-bey, habillé en colonel.
Perse, XVe s.
Appartenant à M. S. Bing.

839. **Fragment** de miniature, cinq personnages dans un paysage montueux.
Perse, XVe s.
Appartenant à M. Louis Gonse.

840. **Deux miniatures** personnages, l'un jouant de la mandoline, l'autre écoutant, vêtus de robes bleues, marges jaunes ou bleues décorées d'oiseaux et de dragons en or.
Perse, XVe s.
Appartenant à M. Kelekian.

841. **Deux miniatures**, feuilles de manuscrits, un personnage agenouillé tenant une bouteille, une femme debout tenant une fleur, dessins au trait de crayon, rehauts d'or, marges de rinceaux de feuillages et fleurs en or.
Perse, XVIe s.
Appartenant à M. Kelekian.

842. **Deux miniatures**, pages de manuscrits, toutes deux représentant un sultan assis dans un kiosque sur une ter-

rasse où des serviteurs apportent des plats, des bouteilles, ou font rôtir des viandes, encadrement dentelé bleu et or

Perse, XVIe s.

Appartenant à M. Kelekian.

843. **Deux miniatures**, pages de manuscrits, l'une avec un dragon en grisaille, l'autre deux personnages en grisaille, marges, l'une fond gris, l'autre fond bleu décoré d'animaux se combattant dessinés en or.

Perse, XVIe s.

Appartenant à M. Kelekian.

844. **Deux miniatures**, feuilles de manuscrits, personnages assis sur une terrasse, fond de paysage.

Encadrement dentelé bleu et or.

Perse, XVIe s.

Appartenant à M. Kelekian.

845. **Deux miniatures**, pages de manuscrits, écritures. — Encadrement bordure de rinceaux de fleurs et d'oiseaux, de personnages apparaissant à des tribunes, ou de personnages ailés.

Perse, XVIe s.

Appartenant à M. Kelekian.

846. **Miniatures**, deux feuilles de manuscrits, deux personnages coiffés de bonnets, rinceaux de fleurs et feuilles, or sur fond crème.

Perse, XVIe s.

Appartenant à M. Kelekian.

847. **Portraits** au trait, crayon rehaussé d'or, des princes mongols ; à droite, Baber ; à gauche, Akbar et Humayoun. Au verso, inscription.

Perse, XVIe s.

Appartenant à M. Henry Vever.

848. **Halte de chasse**. Prince entouré de sa cour prenant une collation sous un arbre. — Au revers, inscription.

Perse, XVIe s.

Appartenant à M. Henry Vever.

849. **Miniature** en grisaille d'un homme assis au bord d'un divan, tenant embrassée une femme.

Perse, XVIe s.

Appartenant à M. Alexis Rouart.

850. **Miniature.** Vieillard reçu par un sultan avec lequel il converse devant ses serviteurs.

Perse, XVIᵉ s.

Appartenant à M. Alexis Rouart.

851. **Cavalcade.**

852. **Cavalcade.**

853. **Personnage** accroupi.

854. **Personnage** debout.

Perse, XVIᵉ s.

Appartenant à M. Pigalle.

855. **Miniature** d'un homme assis et adossé à des coussins, vêtu d'une robe bleue.

Perse, XVIᵉ s.

Appartenant à M. Alexis Rouart.

856. **Miniature.** Sultan assis sur un tabouret recevant les hommages d'un sujet, entouré de musiciens. Encadrement de rubans et de rinceaux sur fond or ou fond blanc.

Perse, XVIᵉ s.

Appartenant à M. Alexis Rouart.

857. **Paysage** traversé par une rivière au bord de laquelle quatre hommes sont assis, trois d'entre eux écoutent le quatrième jouant d'une sorte de guitare.

Perse, XVIᵉ s.

Appartenant à M. S. Bing.

858. **Petit portrait** en buste d'un homme la tête ceinte d'une étoffe.

Perse, XVIᵉ s.

Appartenant à M. S. Bing.

859. **Vieillard** debout, de profil, vêtu d'une robe blanche, un grand sabre au côté.

Perse, XVIᵉ s.

Appartenant à M. S. Bing.

860. **Personnage** assis, adossé à un coussin, coiffé d'un turban enroulé de fils d'or.

Dessin crayons noir et rouge.

Perse, XVIᵉ s.

Appartenant à M. S. Bing.

861. **Miniature**. Persane.

Appartenant à M. Léon Dru.

862. **Miniature**.
Perse, XVIIe s.

Appartenant à M. Léon Dru.

863. **Portrait** de jeune homme.
Perse, XVIe s.

Appartenant à M. Raymond Kœchlin.

864. **Scène** de chasse.
Perse, XVIe s.

Appartenant à M. Raymond Kœchlin.

865. **Miniature** représentant un sultan en robe dorée assis à l'orientale sur un siège élevé sur une terrasse, admonestant un serviteur debout devant lui en robe rose.
Perse, XVIe s.

Appartenant à M. Gaston Migeon.

866. **Miniature**, 4 sages accroupis sous un arbre.
Perse, XVIe s.

Appartenant à M. A. Besnard.

867. **Miniature**, un mendiant infirme.
Perse, XVIe s.

Appartenant à M. A. Besnard.

868. **Miniature**, femme accroupie.
Perse, XVIe s.

Appartenant à M. A. Besnard.

869. **Personnage** sur un trône reçoit l'hommage de ses sujets.
Perse, XVIe s.

Appartenant à M. Louis Gonse.

870. **Deux groupes** de personnages dans une cour de palais, les yeux levés vers un kiosque.
Perse, XVIe s.

Appartenant à M. Louis Gonse.

871. **Faucon** sur un perchoir.
Perse, XVIe s.

Appartenant à M. Louis Gonse.

872. **Femme** assise dans un intérieur, tenant une coupe, vêtue d'une robe décorée de figures humaines et d'animaux.

Perse, XVIe s.

Appartenant à M. Louis Gonse.

873. **Paysage** avec des étangs, que traverse un cavalier tenant un faucon. Une femme, descendue de cheval, se baigne les pieds.

Perse, XVIe s.

Appartenant à M. Louis Gonse.

874. **Deux cavaliers** chassent les gazelles dans un paysage montueux, encadrement de fleurs.

Perse, XVIe s.

Appartenant à M. Louis Gonse.

875. **Personnage** en robe rouge, suppliant une femme vêtue d'une robe verte.

Fonds de montagne.

Perse, XVIe s.

Appartenant à M. Louis Gonse.

876. **Trois sujets** en grisaille : Deux bergers au milieu des troupeaux, figure d'ange ailé tenant une bouteille, chasseur tenant un canard sauvage et un faucon.

Perse, XVIe s.

Appartenant à M. Louis Gonse.

877. **Un prince et son serviteur** buvant dans un paysage montagneux.

Dessin rehaussé.

Perse, XVIe s.

Appartenant à M. Louis Gonse.

878. **Un jeune homme** et une femme dans un paysage.

Dessin rehaussé.

Perse, XVIe s.

Appartenant à M. Louis Gonse.

879. **Femme** dans un paysage, marchant en tenant un porte-bouquet et de l'autre un bouquet de crocus.

Grisaille rehaussée.

Signé : Sân.

Perse, XVIe s.

Appartenant à M. Louis Gonse.

880. **Femme** assise rêvant, adossée à un arbre.
Dessin à deux encres, noire et rouge, rehaussé d'or.
Signé : Mohammed Youssouf.
Perse, XVIe s.
Appartenant à M. Louis Gonse.

881. **Vieux cheval** décharné dans un paysage.
Perse, XVIe s.
Appartenant à M. Louis Gonse.

882. **Femme** debout en riche costume, tenant une bouteille à demi remplie de vin et une coupe.
Dessin rehaussé, signé : Mohammed Youssouf, date : 1053 hégire (1643).
Perse, XVIIe s.
Appartenant à M. Louis Gonse.

883. **Un homme** au bivac tuant un héron.
En haut et en bas, deux vers persans.
Perse, XVIIe s.
Appartenant à M. Louis Gonse.

884. **Personnage** en robe rouge, coiffé d'un turban blanc, fond réséda rehaussé d'or.
Portrait de Halin (Turc Ottoman).
Perse, XVIIe s.
Appartenant à M. Louis Gonse.

885. **Deux personnages** sous un arbre assis, conversant et buvant, dans un paysage montueux.
Costumes indiens.
Perse, XVIIe s.
Appartenant à M. Louis Gonse.

886. **Etude** de pavots aquarellés.
Au dos : Etude de l'humble serviteur Mohammed Hasan Efchar.
Perse, XVIIIe s.
Appartenant à M. Louis Gonse.

886 *bis*. **Miniature** représentant une scène de bataille.

Miniature représentant un cavalier dans des flammes stylisées.
Perse, XVIe s.
Appartenant à M. P. Leprieur.

MINIATURES DE L'INDE

887. **Portrait** équestre sur fond d'argent, d'un personnage vêtu d'une robe rose rehaussée d'or sur un grand cheval blanc aux pieds teintés de henné

Signé : Miyân Sebet.

Inde, XVe s.

Appartenant à M. Louis Gonse.

888. **Portrait** d'un sultan sur un cheval au galop, mi-partie rouge, mi-partie gris, armé d'une lance, et précédé d'un coureur.

Fond doré.

Nabab Chodja-el-Molk. Hosam addula Mohammed Ali. Verdi Nhan Bechadour.

Inde, XVe s.

Appartenant à M. S. Bing.

889. **Personnage** debout lisant un cahier de papier, robe à bandes roses et blanches.

Inde, XVIe s.

Appartenant à M. S. Bing.

890. **Souverain** assis sur un trône, la tête nimbée, tenant un faucon sur le poing.

Au bas : nom du calligraphe : Mohammed Hoséïn de Tebriz.

Inde, XVIe s.

Appartenant à M. S. Bing.

891. **Malais** debout, vêtu d'une robe de mousseline transparente.

Inde, XVIe s.

Appartenant à M. S. Bing.

892. **Prince et princesse** chevauchant deux chevaux noirs, sur un fond noir.

Inde, XVIe s.

Appartenant à M. S. Bing.

893-898. **Cavalier.**

Personnage sur un trône.

Sainte nimbée.

Portrait.

Homme debout (esquisse) (portrait de Radjah Gachandas).

Portrait d'homme sur fond or (Durachekouh).
Appartenant à M. Raymond Kœchlin.

899. **Portrait** d'un personnage debout de profil en robe blanche sur fond vert.
Inde, XVIe s.
Appartenant à M. Gaston Migeon.

900-903. **Réunion** d'hommes sous un pavillon à arcades.

Femmes tirant un feu d'artifice.

Prince debout vêtu de rouge.

Scène où une femme passe une rivière à la nage.
Inde.
Appartenant à M. Paul-Albert Besnard.

904. **Cheval** au repos, mi-partie rouge, mi-partie noir, revêtu d'une housse blanche.
Inde, XVIe s.
Appartenant à M. Henry Vever.

905. **Portrait** d'un personnage debout, vêtu d'une robe rose, coiffé d'un turban à aigrette cerclé d'or, appuyé sur un long sabre et tenant un chapelet Inscription.
Inde, XVIe s.
Appartenant à M. Henry Vever.

906. **Portraits** des princes Djehangir et Alemgir, souverains de l'Inde ; au revers, inscription.
Inde, XVIe s.
Appartenant à M. Henry Vever.

907. **Prince** indien assis dans un fauteuil, sur une terrasse devant des arbres fleuris, respire un narcisse.
Inde, XVIIe s.
Appartenant à M. Louis Gonse.

908. **Trois femmes** assises regardent une compagne qui se baigne.

Paysage avec grands cours d'eau et grands arbres.
Inde, XVIIe s.

Appartenant à M. Louis Gonse.

909. **Trois odalisques** sortant d'un palais.
« Les trois beautés. »
Inde, XVIIe s.

Appartenant à M. Louis Gonse.

910. **Malais** en robe blanche et turban sur une terrasse égrenant un chapelet. Coussin rose et vert.
Signé : Mouhyi-ddin, fils du sultan Bouber.
Inde, XVIIe s.

Appartenant à M. Louis Gonse.

911. **Portrait** du peintre miniaturiste Pir-Echref-Saloun, par lui-même ; assis sur une terrasse, et entouré de ses instruments de travail.
Signé : Pir-Echref-Saloun.
Inde, XVIIe s.

Appartenant à M. Louis Gonse.

912. **Bataille** à troupes rangées, un éléphant chargeant au premier plan.
Inde, XVIIe s.

Appartenant à M. Louis Gonse.

913. **Trois femmes** en robe rouge, cheveux dénoués, faisant une libation. Effet de nuit.
Séance de Djogui.
Signé : Mohammed Hasan.
Inde, XVIIe s.

Appartenant à M. Louis Gonse.

914. **Saint personnage** assis sous un arbre, adoré par deux personnages, l'un debout, l'autre prostré. Esquisse rehaussée.
Portrait du Djogui Goui Kerbaber.
Signé : Goui Pal.
Inde, XVIIe s.

Appartenant à M. Louis Gonse.

915. **Soirée nuptiale**. Deux époux sous une véranda, une servante dans la porte entrebâillée et deux musiciennes accroupies. Effet de nuit.
Inde, XVIIe s.

Appartenant à M. Louis Gonse.

916. **Groupe** de trois odalisques, l'une endormie, les deux autres s'embrassant, les bustes nus.
Inde, XVIIe s.
Appartenant à M. Louis Gonse.

917. **Rajah** en costume blanc, assis sur une terrasse, tenant une rose ; un serviteur, debout derrière lui, l'évente.
Portrait de Kermel, ministre de l'Indoustan.
Inde, XVIIe s.
Appartenant à M. Louis Gonse.

918. **Personnage** (eunuque) de race malaise, assis sur une terrasse, vêtu d'une robe vert olive décorée de fleurettes blanches ; fond de ciel avec nuages.
Daulet Mend Khan (portrait de).
Inde, XVIIe s.
Appartenant à M. Louis Gonse.

919. **Prince** fumant le narghilé sur une terrasse, peinture inachevée, fond vert d'eau.
Inde, XVIIe s.
Appartenant à M. Louis Gonse.

920. **Quatre femmes** devant un fakir qui lève les bras en l'air, fond de jardin. Grisaille rehaussée d'or.
Inde, XVIIe s.
Appartenant à M. Louis Gonse.

921. **Jeune fille** tenant une tasse d'une main et des roses de l'autre, sur fond d'architecture.
Inde, XVIIe s.
Appartenant à M. Louis Gonse.

922. **Femme** en buste, la poitrine couverte d'une gaze, les cheveux dénoués, fond vert.
Inde, XVIIe s.
Appartenant à M. Louis Gonse.

923. **Personnage** coiffé d'un turban à aigrette, vêtu d'une robe blanche, sabre et poignard au côté, fond vert.
Portrait de Réfi-ed-dérédjat, fils de Mourchid.
Inde, XVIIe s.
Appartenant à M. Louis Gonse.

924. **Personnage** debout armé d'une lance et d'un bouclier.
Inde, XVIIe s.
Appartenant à M. Louis Gonse.

925. **Portrait** de femme, à mi-corps, le buste nu, cheveux dénoués, tenant un oiseau de proie sur sa main.
Inde, XVIIe s.
Appartenant à M. Louis Gonse.

926. **Femme** adossée à un saule pleureur dans un parc, donne à manger à des biches.
Date surajoutée : 1170 hégire (1756-57).
Inde, XVIIIe s.
Appartenant à M. Louis Gonse.

927. **Un sultan** assis sur un trône entouré de musiciens et de serviteurs.
Inde, XVIIe s.
Appartenant à M. S. Bing.

928. **Fakir** demi-nu, marchant appuyé sur un bâton, tenant sa besace de l'autre main.
Inde, XVIIe s.
Appartenant à M. S. Bing.

929. **6 Cadres** de miniatures indo-persanes.
Appartenant à M. Pigalle.

930. **Deux miniatures**, scènes de guerre.
Appartenant à M. Léon Dru.

RELIURES CUIRS ET LAQUES

931. **Matrice** de bois, décor de médaillons ronds à lignes géométriques et de frises d'inscriptions.

Ayant servi à frapper des cuirs de reliure.

Appartenant à M. Homberg.

932. **Série** de 4 ou 5 reliures de cuir gaufré ou frappé.

Appartenant à M. Homberg.

933. **Couverture** de livre.

Cuir gaufré.

Art arabe, XVIe s.

Appartenant à M. Henry Dallemagne.

934. **Deux plats** de reliure en cuir frappé et doré, l'un décoré de seigneurs assis dans un kiosque recevant des présents et des prières de personnages agenouillés, l'autre décoré de bêtes, gazelles et lièvres au milieu de fleurs.

Perse, XVIe s.

Appartenant à M. Peytel.

935. **Deux plats** de reliure en cuir gravé et doré, à décor de médaillons contenant des rinceaux fleuris ; à l'autre revers, médaillons polychromes sur fond bleu.

Perse.

Appartenant à M. Alexis Rouart.

936. **Deux plats** de reliure en cuir brun gravé d'un médaillon central à filets d'or. A l'intérieur, médaillon ajouré en vert et bleu.

Perse.

Appartenant à M. Alexis Rouart.

937. **Boîte** longue et étroite en cuir, décorée d'ornements gaufrés sur fond or et sur fond noir.

Perse, XVIe s.

Appartenant à M. le baron Edmond de Rothschild.

938. **Boîte** de Coran en cuir repoussé et ciselé, à décor d'entrelacs fleuris avec bande d'inscription à la partie supérieure.

Egypte, XVIe s.

Appartenant à M. de Saint-Maurice.

939. **Deux plaques** de reliure représentant, en vernis polychromes, des scènes de chasse au fauve et à l'antilope, et un sultan assis sur une estrade tenant audience devant quelques sujets.

Perse, XVIe s.

Appartenant à M. Gaston Migeon.

940. **Miroir** hexagonal en carton verni, décoré de sujets de chasse, de lions attaquant des antilopes.

Perse, XVIIe s.

Appartenant à M. Peytel.

941. **Grande plaque** de miroir laquée. Décoration centrale de compartiments polylobés et encadrée d'une frise d'inscription incrustée d'ivoire.

Perse, XVIIe s.

Appartenant à Mme de Blignières.

942. **Boîte** ronde à pans coupés, fond rouge, à fleurettes.

Inde.

Appartenant à M. Léon Dru.

943. **Grande boîte** ronde, décor de fleurettes et de rinceaux.

Inde, XVIIIe s.

Appartenant à M. Léon Dru.

944. **Œuf** en laque.

Perse, XVIIIe s.

Appartenant à M. Léon Dru.

945. **Ecritoire** fond jaune.

Perse, XVIIIe s.

Appartenant à M. Léon Dru.

946. **Miroir** à main.

Perse, XVIIIe s.

Appartenant à M. Léon Dru.

947. **Tabatière**.
Perse, XVIIIe s.
Appartenant à M. Léon Dru.

948. **Boîte** d'orfèvre.
Perse, XVIIIe s.
Appartenant à M. Léon Dru.

949. **Ecritoire** à décor de cavaliers.
Perse, XVIIIe s.
Appartenant à M. Léon Dru.

950. **Coffret** rectangulaire à personnages.
Perse, XVIIIe s.
Appartenant à M. Léon Dru.

951. **Petite boîte** ronde à godrons.
Perse, XVIIIe s.
Appartenant à M. Léon Dru.

952. **Ecritoire** à décor de personnages.
Perse, XVIIIe s.
Appartenant à M. Léon Dru.

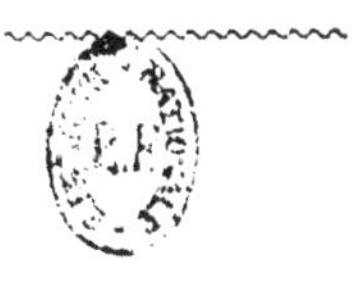

Paris-Poitiers. — Société Française d'Imprimerie et de Librairie.

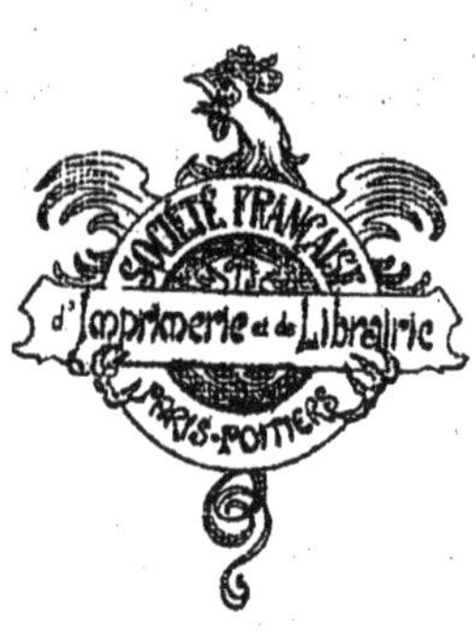
SOCIÉTÉ FRANÇAISE
d'Imprimerie et de Librairie
PARIS-POITIERS

www.ingramcontent.com/pod-product-compliance
Ingram Content Group UK Ltd.
Pitfield, Milton Keynes, MK11 3LW, UK
UKHW021101260726
13994UKWH00002B/638